本书由 2020 年度黑龙江省哲学社会科学研究规划项目高校思政专项一般项目"新时代大学精神融入思想政治教育研究"（项目编号：20SZB01）资助出版

新时代大学生文化精神培育研究
——以"一传二融三全"模式为例

邓雨巍 著

知识产权出版社
全国百佳图书出版单位
——北京——

图书在版编目（CIP）数据

新时代大学生文化精神培育研究：以"一传二融三全"模式为例 / 邓雨巍著 . —北京：知识产权出版社，2022.4
ISBN 978-7-5130-7376-9

Ⅰ.①新… Ⅱ.①邓… Ⅲ.①大学生—文化素质教育—研究—中国 Ⅳ.① G645.5

中国版本图书馆 CIP 数据核字（2022）第 029808 号

内容提要

本书以新时代大学生文化精神培育为探究核心，详细梳理文化、精神、实践培育理论，针对大学生群体探索实践育人新模式，形成一种文化为魂、制度为基的育人体系。

本书适合高校思想政治教育工作者阅读。

责任编辑：曹靖凯　　　　责任印制：孙婷婷

新时代大学生文化精神培育研究
——以"一传二融三全"模式为例
Xin ShiDai DaXueSheng WenHua JingShen PeiYu YanJiu
——Yi "Yi Chuan Er Rong San Quan" MoShi Wei Li

邓雨巍　著

出版发行：知识产权出版社 有限责任公司		网　　址：http://www.ipph.cn	
电　　话：010 — 82004826		http://www.laichushu.com	
社　　址：北京市海淀区气象路50号院		邮　　编：100081	
责编电话：010 — 82000860 转 8763		责编邮箱：caojingkai@cnipr.com	
发行电话：010 — 82000860 转 8101		发行传真：010 — 82000893	
印　　刷：北京中献拓方科技发展有限公司		经　　销：新华书店、各大网上书店及相关专业书店	
开　　本：720mm×1000mm　1/16		印　　张：11.75	
版　　次：2022年4月第1版		印　　次：2022年4月第1次印刷	
字　　数：180千字		定　　价：68.00元	

ISBN 978-7-5130-7376-9

出版权专有　侵权必究
如有印装质量问题，本社负责调换。

前言

本书系笔者多年思想政治教育工作的成果集，涵盖了新时代大学生文化精神培育研究工作的新思路、新实践、新思考，无论是理论探索，还是实践创新，都有着新时代思政实践工作的特点。本书以新时代大学生文化精神培育研究为题，以"一传二融三全"模式为例，创新了大学生文化精神培育理论与实践研究。本书以传承中华优秀传统文化，融合社会主义核心价值观，融合大学精神，全员、全方位、全程育人模式，梳理"一传二融三全"育人方案，形成一种文化为魂、制度为基的育人体系，对新时代大学生文化精神培育工作的探索模式提出了新的设计思路。

就新时代大学生思想政治工作而言，其本身具有育人使命，承担为民族育才、为党和国家培育社会主义建设者和接班人的责任。青年大学生有着自然发展和自觉发展两种不同的发展模式，而大学生文化精神培育就是不断加强大学生自觉发展的动力，营造积极向上的环境，传承中华优秀传统文化，用大学精神引领人生观、世界观发展，用社会主义核心价值观引导大学生树立正确的理想信念。在环境与文化的孕育下，积极推进高校全员育人理念，全教学过程、实践过程育人思维，全方位育人模式。大学生文化精神育人新模式，是无论哪个时代都极为有效的育人方式，是本书的核心框架。一方面，大学生文化精神育人是大学精神融入思想政治教育的现实需要，是高校自身发展本质特征在大学生培育途径中的特质体现。这是高校充分遵循教育规律，发挥文化资源育人作用的体现。另一方面，用社会主义核心价值观培育大学生是高校立德树人根本任务的最高标准。新时代高校培育什么样的人，怎样培养人，为谁培养人，这些问题本书都在相关细节上进行了回答。基于"二融"，即融入大学精神、融入社会主义核心价值观的理想基础，高校在具体思想政治教育工作中逐渐形成要点工作突出、重点工作鲜明、难点工作易解的良好局面。在抓大学生思想政治工作中，一些人认为，只有专业教育才是重点，却不清楚文化精神教育更是重点中的重点，难点中的难点。如何从大学生文化精神教育入手，逐渐解决大学生思想教育难点与问题，是本书的意义所在。

本书用了大量篇幅揭示中华优秀传统文化、社会主义先进文化对大学生思想政治教育的意义与关联，这些都是在培育大学生劳动精神、奋斗精神过程中的珍贵精神财富。中华优秀传统文化与大学生思想政治教育相融合能够产生协同效应，本书在阐述中国传统文化的基本内涵的同时，从两个方面分析中国传统文化对大学生思想政治教育的影响。中华优秀传统文化对大学生思想政治教育有重要的影响，这有利于大学生增加文化底蕴，有利于学生热爱中华文明，有利于大学生形成爱国主义情感。最近一些年，学界从社会主义核心价值观视角探索大学生思想政治教育的内容与成果比较丰富，但是从大学精神视角探讨大学生思想政治教育的成果却不是很多，本书也仅从大学精神建构的角度对高校思想政治教育进行解读。本书阐释了社会主义核心价值观教育的意义和价值，同时重点阐明大学精神、奋斗精神对大学生的影响。大学生作为青年的代表，是社会未来的重要力量，关系到中华民族的兴衰。现代信息社会背景下的社会生活充斥着包括网络在内的各类媒体，而作为年青一代，"00"后大学生的价值观培养已成为当代大学生思想教育中重要的组成部分，本书对大学生思想政治教育信息化引导也做了展开论述。

通观党的十九大报告，"奋斗"一词贯穿始终。习近平总书记在全国宣传思想工作会议上提出"育新人"的时代任务，时代新人要具有奋斗的精神与追梦的理想，因此，当代大学生的应然使命是成为新时代的奋斗者和追梦人。本书论述了培育大学生奋斗精神的重要意义。新时代蕴含着机遇与挑战，培育大学生优秀的人格品质与精神品格更为重要，中华民族要伟大复兴，党的事业要薪火相传，国家事业要后继有人，培养具有奋斗精神的时代新人是当务之需，已成为时代课题。

本书从"三全育人"机制角度探索大学生思想政治教育，主要从全员、全方位、全程育人角度解读新时代高校文化育人理论与实践探索意义。先综述全员合力育人理论与实践，详细论述大学生思想政治教育合力机制，包括大学生思想政治教育合力机制的构成，大学生思想政治教育合力机制的运行问题及成因，完善大学生思想政治教育合力机制的对策，以及对高校"00后"大学生思想政治教育的合力研究。同时也论述了全方位多角度的育人理论与实践，新时代高校思想政治工作的时代意义，面向新征程的大学生精神需求结构转型研究，就业视域下大学生思想政治工作研究，以及全过程多层面育人理论与实践，大班教学环境下高校思想政治理论课多维互动教学模式的探索，大学生党员知识教育的探索研究，大学生党支部队伍建设的思考与实践。

大学生思想政治教育工作正面临挑战，其中有社会不良风气的挑战、亲子关系紧张的挑战、高校转型发展的挑战。理论上，大学生思想政治教育工作必须由社会、学校、家庭三者之间互相协调合作才能获得最佳成效，而在其中起到主导作用的是高校，起到协调作用的是家庭和社会，这主要是因为大学生四年中 90% 的时间都是在学校中度过。

习近平总书记在党的十九大上庄严宣告"中国特色社会主义进入了新时代，这是我国发展新的历史方位"。新时代，高校思想政治工作在历史新起点下发挥重要作用，具有特殊的时代意义。新时代高校思想政治工作关系中华民族伟大复兴、中国特色高等教育内涵式发展、高校立德树人根本任务的实现。新时代，高校思想政治工作成果不是等来的，不是自然迸发的，不是敲锣打鼓就轻轻松松得来的，而是一代又一代高校思想政治工作者经过长期努力，在党的领导下不忘初心、砥砺前行奋斗出来的。新时代，中国高等教育面临新机遇，又面对新挑战，将以强国时代的鲜明特质书写"教育强，则国家强"的奋进之笔。

在新时代的历史节点上，在面向新征程的社会发展中，大学生精神需求的结构转型首先是个体化转变。在大学生实践的精神需求、交往的精神需求和发展的精神需求等方面，大学生更加关注个体一致性。另外，大学生精神需求的社会化转型也在逐渐影响社会经济生活变化，"00后"新时代大学生诞生于网络时代，受到新媒体时代、多元文化时代的影响，他们的社会化认同的精神需求更加强烈。因此，探讨从个体化到社会化的大学生精神需求转型问题，是高校思想政工作与精神文化建设重要的课题。当今世界正经历百年未有之大变局。站在"十四五"规划的历史新起点上，我国各项现代化事业即将开启新的征程，这是新的机遇，也是新的挑战，关注和研究大学生精神需求的转变具有重要现实意义和历史意义。新时代大学生面向新征程有哪些现实转变，大学生会面临哪些精神需求改变，这都是高校思想政治工作需要重点思考的重要课题。

高等学校承担着现代人才的培养任务。面对巨大的就业压力，作为高等教育重要组成部分的大学生思想政治工作，应立足学生个体的全面发展,结合社会现实,积极探索新的工作方法,以全新的思想促进学生思政工作的开展,提高工作的实效性。

随着我国高等教育的普及,"精英教育"已经转向"大众教育",在校学生数量的急剧增多,毕业生就业难度的不断加大,都让我们深刻认识到加强和改进大学生思想教育的重要性。面临新形势、新任务,加强、改进和创新高校大学生的思想政治工作,是当前高校教育工作者面临的一个新课题。中共中央、国务院在《关于进一步加强和改进大学生思想政治教育的意见》中也指出"加强和改进大学生思想政治教育工作是一项重大而紧迫的战略任务"。

目前高校思想政治理论课正在面临网络信息化井喷式挑战,在大班教学过程中,思想政治理论课教师也面临网络时代带来的新挑战,思想政治理论课的教学模式势必要迅速转型,要及早探索大学生接受思想教育的新型模式,多维互动教学模式可以提高学生参与率,提高教学质量,提高思想政治理论课的教学效果。

在高校大学生中进行党的理论知识学习教育,是新时期高校党建工作的重要内容。高等院校作为培养和造就接班人的重要阵地,必须进一步加强在大学生中开展党的理论知识学习教育工作,本书介绍了对大学生进行党的理论知识学习教育工程的重要性和建立对大学生党员进行党的理论知识学习教育长效机制的几点做法。当前,各高校虽然比较重视大学生党的理论知识学习教育工作,但是教育工作大多具有零散性、阶段性的特点,缺乏全面性、系统性和持续性,教育效果也不是十分明显。相当一部分学生包括党员对党的相关知识知之不多,理解不深,个别学生还存在错误的思想观念。

本书最后附实践案例,可为高校思政工作者提供实践借鉴。书中还有很多不足之处,欢迎读者批评指正,共同探索,交流互鉴。

目 录

第一章　传承中华优秀传统文化 / 1

　　第一节　中华优秀传统文化与大学生思想政治教育的融合研究 / 1
　　第二节　创造性传承儒家文化的研究——以铁人精神育人实践为例 / 7
　　第三节　从传统到当代——儒家文化与铁人精神的时代关联 / 12

第二章　融入社会主义核心价值观教育 / 21

　　第一节　在大学生中培育和践行社会主义核心价值观的有效途径
　　　　　　研究 / 21
　　第二节　信息社会背景下"00后"大学生社会主义核心价值观的培育 / 26

第三章　融入大学精神文化教育 / 31

　　第一节　新时代中国特色社会主义大学精神的构建研究 / 31
　　第二节　新时代中国特色社会主义大学精神的价值回归 / 42

第三节　新时代大学生奋斗精神的生成逻辑与培育现状 / 53

第四章　全员合力育人理论与实践 / 65

第一节　大学生思想政治教育合力机制研究综述 / 65

第二节　大学生思想政治教育合力机制的内涵 / 75

第三节　大学生思想政治教育合力机制的构成 / 84

第四节　大学生思想政治教育合力机制运行的问题及成因 / 94

第五节　完善大学生思想政治教育合力机制的对策 / 99

第五章　全方位育人理论与实践 / 109

第一节　新时代高校思想政治工作的时代意义 / 109

第二节　面向新征程的大学生精神需求结构转型研究 / 122

第三节　就业视域下大学生思想政治工作研究 / 128

第六章　全过程多层面育人理论与实践 / 137

第一节　大班教学环境下高校思想政治理论课多维互动教学模式探索 / 137

第二节　大学生党的理论知识学习教育探索研究 / 144

第三节　大学生党支部队伍建设的思考与实践 / 147

附　录 / 153

参考文献 / 162

后　记 / 173

第一章 传承中华优秀传统文化

第一节 中华优秀传统文化与大学生思想政治教育的融合研究

中华优秀传统文化经过时间的洗礼，源远流长、博大精深，而大学生的思想政治教育是当前传承中华优秀传统文化的载体，是弘扬中华优秀传统文化的主要渠道。因此将中华优秀传统文化与大学生思想政治教育相融合是提高大学生思想政治教育有效性的根本措施，而且是时代的要求。要将中华优秀传统文化与大学生思想政治教育相融合，让大学生树立正确的人生观和价值观、提高思想觉悟，坚决抵制不良诱惑，从而提升自己的综合能力。本书阐述中华优秀传统文化的基本内涵，从两个方面分析中华优秀传统文化对大学生思想政治教育的影响，并针对中华优秀传统文化在大学生思想政治教育中存在一定缺失的现状，提出了针对性的解决措施。

一、中华优秀传统文化的基本内涵

2017年3月4日，全国政协委员在"2017全国'两会'特别访谈"中提到中华优秀传统文化是中华民族的根，是我们的血脉。"中华优秀传统文化就是忠义文化、忠孝文化、是做人的文化，要立身、立言、立德。"一个国家的人了解另一个国家首先靠的是文化，由此可见传承和弘扬国家传统文化的重要性。事实上，中华优秀传统文化是中华文明演化成的能够反映民族特质和风貌的文化，而中华优秀传统文化的主要特征是世代相传、民族特色、历史悠久及博大精深。所以，通过各种渠道传承和弘扬中华优秀传统文化有重要意义。

二、中华优秀传统文化对大学生思想政治教育的影响

（一）中华优秀传统文化对大学生思想政治教育的积极影响

1. 有利于大学生提高自身的综合素质

中华优秀传统文化经过历史的变革进行创新和进步，发展成今天博大精深的中华文化。只有大学生理解中华优秀传统文化才能发展思维进行创新。同时中华优秀传统文化从中国国情出发，取长补短，推动了我国经济的发展，对构建和谐社会有重要意义。由于大学生的个人背景和从小形成的意识有所差异，导致大学生对同一件事物的看法不尽相同，所以在大学生思想政治教育的过程中应该因材施教，利用与时俱进的模式进行教学。而中华文化博大精深，能够引导大学生提高自身的素质，深刻体会中华传统文化的精华之处，从而传承和发扬中华优秀传统文化。

2. 有利于大学生树立正确的三观

大学生是即将步入社会的群体，所以帮助大学生树立正确的三观是思想政治教育的基础。而中华优秀传统文化为如何帮助大学生树立正确的三观提供了理论基础，它是我国人民的精神财富。中华优秀传统文化不仅对大学生的思想政治教育有重要的指导作用，对当前社会甚至国家都有深远的影响。大学生的世界观、人生观及价值观的形成都有赖于中国传统文化的精髓，所以传承中华优秀传统文化的内涵，提高大学生的文化素养是十分必要的。

3. 有利于大学生形成爱国主义情感

一个有自信心和自尊心的民族才有能力立于世界之上。民族自尊心是对民族文化的传承和弘扬，而且要随着时代的变化不断地进行改革和创新，使其成为我国人民永远的精神支柱。改革开放时期，随着许多不同以往的观念和思想的进入，人们的观念产生了差异。而目前大学生面对复杂的社会及文化，缺乏分辨能力，一些大学生推崇西方文化，忽视了中华优秀传统文化的重要作用，这对中华优秀传统文化的传承和弘扬非常不利。因此将中华优秀传统文化与大学生的思想政治教育结合有利于大学生正确理解中国传统文化，增强对传统文化的认同感，从而增强他们的民族自尊心和自信心。

（二）辩证认识中国传统文化对大学生思想政治教育的一般影响

1. 加强大学生民主法治观念的培育

传统文化形成于封建社会时期，当时的社会以君主为主，君主说的话就是法律，而21世纪是法治社会，法律约束人们的行为是社会和谐的基本保障。因此，要积极培育大学生民主法治观念，用优秀的法治思想育人。

2. 正确认识大学生权利意识

传统社会中往往标榜的是家族群体的集体权益，会忽视人的个人权利,而在当今社会,新时代大学生既有个人选择的权利,又有服务大局的义务,权利和义务相互影响。传统社会鼓励个人以君为纲,以父为纲,以夫为纲,忽视了人作为人的基本选择权。一方面,大学生要传承中华优秀传统文化的精华,尊崇长幼有序,尊师重教,孝悌廉耻;另一方面,大学生也应能够不受家庭的影响,选择求学专业,选择爱好的事业。因此,传统文化中的确有值得今天大学生继承弘扬的优质品德和传统,但同时也要认识到,新时代不能忽视大学生自由全面发展的历史要求,更不能忽视新时代中国特色社会主义现代化建设中要充分调动青年大学生创新的意识,要给予大学生充分的权利,去选择,去奋斗。

3. 培养大学生的健康竞争意识

中国的传统文化倡导以和为贵,人与自然和谐统一是发展的目标,传统社会认为竞争对社会的发展和稳定是不利的。但是,就目前社会发展来看,大学生有压力才有动力,因此,培育大学生竞争意识是非常必要的。大学生如果没有竞争意识就会变得不思进取,满足于现状不能突破自己,而且,随着社会经济的快速发展,大学生面对强大的就业压力,理应提高自己的竞争实力,这是培育大学生竞争意识的时代要求。

三、中华优秀传统文化在大学生思想政治教育中发挥作用不够

(一)大学生对中华优秀传统文化的认识不到位

中华优秀传统文化是中华民族的历史财富,代表中华文化的精髓,是当前社会发展的理论基础。部分大学生对西方的节日熟记于心,而对中国传统节日和传统文化都缺乏了解。许多传统文化在传承的过程中由

于人们的忽略而几近遗失,加强大学生对传统文化的认识是发扬和传承中华传统文化的根本。

(二)大学生对中华优秀传统文化的价值认识还有不足

随着社会的快速发展,我国已经形成文化多元化的局面,一些大学生盲目追求西方文化的某些理念,这严重影响了他们的身心发展。据调查,一部分大学生对传统文化的了解程度较低,而且一些大学生表示传统的文化与现代文化相差太远。由此可见,目前我国传统文化的教育和普及存在许多问题,大学生对传统文化的理解存在误区。所以将中华优秀传统文化与大学生思想政治教育融合是十分必要的。

四、中华优秀传统文化影响下大学生思想政治教育的措施

(一)发挥媒体的重要作用

为了普及传统文化,应该利用信息技术发挥其在文化传播中的作用。❶可以利用电视、网络、报纸等媒体将传统文化以电视、图片、声音等方式呈现给学生。❷让学生认识到中华优秀传统文化的精华所在,从而肩负起传承和弘扬传统文化的重任。同时要加强对媒体的监督,避免一些媒体为了追求自身利益忽视了社会责任。此外,学校还可以推荐学生看一些与传统文化相关的节目,如《中华诗词大会》《走进故宫博物

---

❶ 易鹏,李荣华,徐晓黎.大学生网络思想政治教育需求调查研究[J].思想教育研究,2012(1):100-103.

❷ 陈志欢,李晓娜.试论大学生网络思想政治教育内容的有效性[J].剑南文学(经典阅读),2013(9):345-345.

院》《国家档案》等，或者让学生观看《我和我的祖国》《我和我的家乡》《清平乐》等历史传统文化影视剧，通过直观的画面让学生更深刻地认识传统文化的魅力。

（二）加强教师队伍建设

教师是思想政治教育的主体之一，是学生们的引导者，因此加强教师的综合能力是提高教学水平的关键。教师首先要重视传统文化，然后将其贯彻在思想政治教学当中，从而引导学生积极主动了解传统文化。兴趣是学习最好的老师，所以教师应该首先激发学生了解传统文化的兴趣，让学生产生对传统文化的求知欲和探索欲。同时，在教学的过程中要给学生讲一些历史小故事以及名言警句等，让学生更多地了解中国传统文化的博大精深。

（三）创建网络平台

网络已经成为大学生学习知识的重要平台，因此学校可以利用网络资源共享的优势给学生建立一个互相学习和交流的平台，构建良好的学习氛围。❶高校应该加强传统文化的宣传力度，让大学生积极参与探索和创新，突出时代的特点，让大学生体会传统文化的内涵。❷同时学校建设思想政治教育网站时，要充分考虑到学生的心理和兴趣，从学生的角度出发，让学生可以选择自己感兴趣的传统文化，从而满足大学生个性化发展的需求。

（四）开展丰富的教学实践活动

思想政治教育虽然重点是理论，但是实践教学也是必不可少的。教

---

❶ 尹婷婷.网上网下大学生思想政治教育协调育人研究[J].科教导刊，2015（17）：70-71.
❷ 周秀胜.网上网下协调育人——网络环境下的大学生思想政治教育[J].新课程研究，2014（1）：13-14.

师可以在实践课上组织学生学习茶艺、下棋等，开展丰富多样的实践活动，让每位学生都能够参与到学习传统文化中来。同时学校还可以聘请一些专家给教师和学生普及传统文化，让学生更多地了解传统文化的丰富多彩。

总之，中华优秀传统文化是中华民族的精髓，对社会的发展有重要的指导意义。但是目前部分大学生的传统文化教育缺失，大学生对自身以及社会的认知存在错误。所以将中华优秀传统文化与大学生思想政治教育相融合，充分发挥中华优秀传统文化在思想政治教育中的重要作用是十分必要的。以此增强大学生的民族自尊心、自信心和自豪感，而且能更好地传承和弘扬优秀的中华传统文化。

第二节　创造性传承儒家文化的研究
——以铁人精神❶育人实践为例

儒家文化经过时间的淘洗，源远流长，而铁人精神更是传承中华优秀传统文化的新坐标，是弘扬儒家优秀文化的新体现。因此将铁人精神与中华优秀儒家文化相融合是加强大学生思想政治教育有效性的根本措施，将中华优秀传统文化与大学生思想政治教育相融合，让大学生树立

---

❶ 对铁人精神基本内涵的界定是："为国分忧、为民族争气"的爱国主义精神；"宁可少活二十年，拼命也要拿下大油田"的忘我拼搏精神；"有条件要上，没有条件创造条件也要上"的艰苦奋斗精神；"干工作要经得起子孙万代检查""为革命练一身硬功夫、真本事"的科学求实精神；"甘愿为党和人民当一辈子老黄牛"，埋头苦干的无私奉献精神。参见：徐克明，陈立勇. 铁人精神[M]. 北京：中共党史出版社，2020：38-39.

正确的人生观和价值观，提高思想觉悟，坚决抵制不良诱惑，从而提升自身的综合能力。

一、铁人精神传承儒家文化的意义

儒家文化是中华传统文化的重要组成部分，中华传统美德构成了铁人精神的文化内核，它通过铁人王进喜等个人的优秀品质和完美人格而得到体现，使铁人精神闪烁着人格的光辉和人文精神的光彩。❶

（一）铁人精神诠释儒家文化

铁人精神是中华传统文化的延伸部分，是对儒家文化中"仁、义、礼、智、信、孝、悌、廉、耻、勇"的诠释。专家学者赋予铁人精神时代内涵的新解读，鲁滨、麻秀荣、秦慧杰等把铁人精神作为民族精神的瑰宝及社会主义建设时期的时代精神，经过时代陶冶、思想涵养、实践润泽，被赋予新的时代内涵，这些新内涵概括起来就是真诚的理想信念、强烈的发展意识、积极的创新精神、旺盛的创业激情、现代的科学理性、自觉的人本理念、博大的开放视野及豪壮的价值追求等。张文彬说铁人精神的产生和发展必然受到中华优秀传统文化的滋养和支撑，是中华优秀传统文化人格理论和价值尺度的反映和写照。铁人精神"国家利益至上"的价值取向、"科学求实"的实践态度、"主人翁"精神的担当意识及"挚爱大众"的道德人格特质❷，都受到中国传统文化尤其是儒家文化中"重义轻利"的道德境界、"重公轻私"的价值原则、

---

❶ 许俊德.铁人精神与中华传统美德［J］.大庆社会科学，2010（5）：30-37.
❷ 张文彬.大庆精神的意蕴追溯和理性解读——一种传统文化的视角［J］.大庆师范学院学报，2016（6）：129-134.

经世致用的实践特质、知行合一的实践原则、顺乎民意的价值理想、为民谋生的价值取向等优秀人文精神的哺育滋养,体现了中华民族在社会主义建设时期的特征和价值取向。❶

(二)铁人精神传承儒家文化价值

现阶段对铁人精神研究较多,但对铁人精神中儒家文化传承方面的研究很少,对铁人精神中"仁、义、礼、智、信、孝、悌、廉、耻、勇"品格现实实践的研究基本没有。铁人精神作为传承儒家文化的新载体,对儒家文化时代精神进行研究,与社会主义核心价值观相融合,更好地突出了中华传统文化特色。

铁人精神传承儒家文化研究可以弥补研究铁人精神方面的不足,为铁人精神及铁人文化研究提供新视角及新方向。将社会主义核心价值观、传统儒家文化、时代精神、民族精神与铁人精神紧密融合,并进行深入研究则更具教育意义。

二、铁人精神传承儒家文化的内容与价值

铁人精神传承儒家文化,与高校思想政治教育及社会主义核心价值观融合,可拓展铁人精神的研究内容。

(一)铁人精神传承儒家文化研究的主要内容

融合社会主义核心价值观,在铁人身上挖掘"仁、义、礼、智、信、

---

❶ 马英林.如何研究大庆精神铁人精神[J].大庆社会科学,2014(5):5-9.

孝、悌、廉、耻、勇"的人格品格。结合儒家文化形成80字新时代铁人精神："仁，爱国敬业、遵纪守法。义，遵守公德、见义勇为。礼，有礼有节、谦虚礼让。智，博采众长、精业强技。信，求真务实、真诚守信。孝，尽职尽责、尽忠尽孝。悌，博爱亲和、团结共进。廉，清心寡欲、廉洁自律。耻，行己有耻、有耻且格。勇，勤于奉献、勇于担当。"铁人精神落脚于"仁"，教育价值上追求丰盈的教育思想；聚焦于"义"，教育主题上注重真实的德行修养；关照于"礼"，教育内容上注重理性踏实的素质；呈现于"智"，教育形式上丰富学习的形式与方法；相依于"信"，教育前提上树立诚信的育人理念。❶

（二）铁人精神传承儒家文化研究的基本思路

首先，从文化归属上研究文化的创立与新生。中华优秀传统文化是中华五千年文明凝结的瑰宝，是中华民族的独具特色的文化精神。铁人精神虽然是社会主义先进的精神文化，但是铁人精神特质里内含中华传统文化的精、气、神，它有爱国主义的情怀，有艰苦奋斗的豪迈，这是传统基因密码的传承与复制，是传承传统文化尤其是儒家文化的社会主义转型，是儒家文化在当代的精神体现。其次，在核心价值观的视角中研究精神文化的传承。研究儒家文化与社会主义核心价值观相融合部分，促使新时代大学生亲近经典，阅读经典，受益于经典，让经典点燃智慧，让经典点燃生命，且要在实践中形成铁人精神传承儒家文化的新载体。最后，在活学活用中研究大学生传承文化精神的途径。在高校思政课程中要加入铁人精神案例，用文化精神的魅力感染大学生，影响大学生，熏陶大学生。例如，第二课堂与第一课堂形成有效循环，思政主课堂重点讲传统文

---

❶ 李存山. 儒家文化的"常道"与"新命"[J]. 孔子研究，2016（6）：23-31.

化与社会主义先进文化，第二课堂实践课形成实践环节过程，通过演讲、讨论、表演、情景再现、故事会、诵读诗歌等活动把儒家文化与铁人精神宣讲有机结合起来。

（三）铁人精神传承儒家文化研究的基本方法

研究方法主要包括以下三种：①文献法。通过查找文献，挖掘铁人精神及儒家文化相关内容，在研究中总结提炼铁人精神教育，以"学思并重、自省修己、启发诱导、身教示范、因材施教、环境塑造"为基本途径和方法。②调查研究法。通过深入油田基层企业调查研究，总结铁人精神中传承儒家文化的闪光点，挖掘铁人故事中"仁、义、礼、智、信、孝、悌、廉、耻、勇"人格品格的案例并进行总结。③实践总结法。实践铁人精神，传承儒家文化"仁、义、礼、智、信、孝、悌、廉、耻、勇"的人格品格，在高校大学生思想政治教育工作中找到载体，挖掘大学生践行80字铁人新时代精神案例并进行总结。

（四）铁人精神传承儒家文化研究的价值

铁人精神作为社会主义先进文化是有一定历史渊源的。第一，这是儒家文化在20世纪中国石油工业创业年代的新生，传统的种子合成时代的养分，生发出社会主义精神文化，成长为先进的时代精神。第二，铁人精神彰显顶天立地的石油工人精神，研究铁人精神是具有时代意义的，新时代大学生通过吸收传统文化与当代精神结合的养分，成长为中国特色社会主义的合格建设者和可靠接班人。第三，高校在传承中华优秀传统文化的过程中具有重要使命和责任，高校文化建设经常会与地域文化结合，铁人精神充分体现了东北地域文化的特质，研究铁人精神传承儒家文化对于高校的文化建设具有重要意义。第四，进一步辨析传统与当代的精神文化价值，以及在中华优秀传统文化创造性转化过程中，体现其在文化、教育、社会的价值，以及在文化创新、育人实践、社会服务中的意义。

三、总结

总之，铁人精神传承儒家文化的研究需挖掘"仁、义、礼、智、信、孝、悌、廉、耻、勇"品格内容，还可衍生出各类教学活动和文化活动；通过顶层设计，把儒家文化和铁人精神教育活动进行十字交叉，形成横纵坐标的定位，找准二者契合点，形成特色活动与校园文化；通过一系列文娱活动和实践活动，以及思政课、专业实训等丰富的内容，逐渐呈现课程与教学、实践与活动的有机结合，最终成为大学生文化精神培育的有效载体。

第三节　从传统到当代——儒家文化与铁人精神的时代关联

儒家文化以"圣人"作为理想人格，孔子提倡培养具有仁德的君子，这与铁人精神塑造的石油文化精神不谋而合，铁人精神坚持了儒家文化中的道德规范和道德原则。在石油精神文化中挖掘儒家文化与铁人精神的时代关联，是文化自信的体现，是培育新时代大学生文化精神的时代要求。

一、铁人精神传承儒家文化的时代背景

新时代我们需要儒家文化的全新演绎,需要社会主义精神文明和新时代文化全面建设,不了解儒家文化与铁人精神的演变历史,就很难正确、全面地理解铁人精神传承儒家文化的本质,也就不可能合理地继承和创新儒家文化。

(一)铁人精神传承儒家文化是跨越时代的呼唤

一代铁人王进喜用躬耕石油事业的热血展示了儒家文化在创业年代对石油工人的本质影响,那一代石油人秉承为祖国为社会求实奉献的精神追求,儒家文化中家国天下的精神在铁人王进喜身上得到充分展现。二代铁人王启民在几十年科研实践中矢志不渝地开发石油技术,同样展示儒家文化在20世纪对石油人精神上的动力支撑。铁人精神在新时期传承儒家文化是跨越时代的呼唤。新时代儒家文化被赋予新的内涵,铁人精神传承儒家文化彰显了精神特质,是虔诚地为国奉献的理想信念、强烈的社会责任感和强烈的创业激情。铁人精神的产生和发展始终受到儒家文化的滋养。

(二)铁人精神传承儒家文化是文化寻根的历史沉淀

随着时代的进步,社会的发展,我们要发扬儒家文化的当代作用和价值。张载的横渠四句提出知识分子的志向:"为天地立心、为生民立命、为往圣继绝学、为万世开太平",铁人精神中的爱国、创业、求实、奉献,与横渠四句有异曲同工之意。横渠四句传颂至今,言虽简,意义却非常宏大,表达的是传统社会知识分子个人对国家、民族的责任与担当。可以说横渠四句是中国传统精神的高度总结,是点亮中国人精神的明灯。而铁人

精神中的爱国、创业、求实、奉献，表达了对国家、社会的责任与义务，它凝缩了一个民族、一个国家的精神风貌，它凸显了中华民族不懈拼搏、创造未来的民族气概。两者诞生的时期不同、产生的背景也不同，但可以看出铁人精神中儒家文化传承的意义在于系统地实践和利用铁人精神传承儒家文化资源，并与思想政治教育及社会主义核心价值观融合，拓展铁人精神的时代新内容。[1]

（三）铁人精神传承儒家文化是一脉相承的文化融合

新时代中国特色社会主义文化软实力的核心即社会主义核心价值观，而铁人精神正是集儒家文化新意，在社会主义核心价值观中展示了同根同源同质的精神品质。铁人精神传承儒家文化在内涵上挖掘"仁、义、礼、智、信、孝、悌、廉、耻、勇"的人格品格，结合儒家文化形成新时代铁人精神特质，基于此，铁人精神传承儒家文化展现的是一脉相承的文化融合。

二、铁人精神转化儒家文化的时代内涵

新时代铁人精神转化儒家文化，创建了儒家哲学思想在现代化国家治理中的文化发展新征途，在思想政治工作中发挥了铸魂育人作用。

（一）儒家文化铸魂精髓丰富铁人精神的时代内涵

铁人精神是取之不尽，用之不竭的精神财富，几代铁人为何能够立足本职、顾全大局、自觉维护国家石油战略安全，是儒家文化铸魂精髓

---

[1] 孙阳阳.当代中国政治发展视域下儒学的功能及其实现路径[J].当代世界社会主义问题，2017（2）：45-53.

丰富了铁人的"爱国"情怀、"创业"激情、"求实"态度及"奉献"精神。儒家文化的铸魂意蕴使铁人精神内涵更加丰富，铁人精神继承了儒家文化的核心思想，传承了"仁者爱人""仁义""礼义""慎独""良知"等仁爱思想，这都体现了具有铁人精神的主体德行的自我完善；牢记"杀身成仁""舍生取义"的生死观，决定了人生态度，"见利思义""公而忘私"的价值观，决定了人生价值，这更体现了中华民族主体传承的行为模式和处世方式；"爱国""诚信""自持""慎独""厚德""诚信""孝亲""节俭"等传统美德，凝聚了强大的精神力量和道德支撑。因此，要理解铁人精神传承儒家文化的时代内涵，应将社会主义核心价值观、传统儒家文化、时代精神、民族精神与铁人精神紧密融合，发挥其教育意义。

（二）儒家文化道义原则涵养铁人精神的道德规范

道德是调节人们思想行为、协调人际关系、维护社会秩序的重要手段。作为文化软实力代表，优秀传统文化具有重要的传承价值，而儒家文化所代表的道义，至今影响着现代人的行为，并通过稳定的价值观形成大众自觉认同并遵守的行为准则及生活方式，从而规范现代人的行为。儒家文化中重要的道义原则涵养着铁人精神的道德规范，儒家道德规范是铁人精神的道德价值观，作为规范伦理关系基础上建立的一种文化规约，是人们的现实生活准则，是具体的道德生活的反映。可以说，儒家伦理和道德教育固有的文化性格，是一种文化的存在。儒家文化的伦理道德是铁人精神的伦理道德规范，儒家文化作为一种文化形态存在，相对于个体存在的宏观环境，具有德育主体的功能和责任。铁人精神与儒家文化两者诞生时代不同，但有相似的文化基因、丰富的文化内涵和多样化的文化方式，个体的道德主体性在文化的培养中不断重构,因此儒家文化道义原则涵养铁人精神道德规范有其文化应然性。

(三)儒家文化仁爱思想铭刻铁人精神的灵魂特质

儒家文化倡导仁爱思想,这同时也是铁人精神体现得较为突出的人格特质。在仁爱基础上形成的铁人精神内涵,是铁人精神诠释的首要特质。铁人精神彰显的"仁爱"精神,概括起来就是"为国争光、为民族争气的爱国主义精神;讲究科学、'三老四严'的求实精神;胸怀全局、为国分忧的奉献精神"。儒家文化提倡仁者爱人,铁人王进喜身上的崇高思想与优秀品格集中体现了儒家文化的仁爱思想,在油田创业实践中有了充分体现。新时代大学生文化精神培育的核心在于人格培育,铁人精神传承儒家文化的人格特质,是新时代大学生的精神养料,更是大学生文化精神树立的高地。在大学生群体中提倡仁爱思想,提倡团结友爱,提倡大爱无疆,是新时代高校立德树人根本任务的新文化映现。大学生是国家、民族、社会的生力军,大学生精神文化的培育要结合儒家文化与铁人精神融合的新内涵进行,要对大学生进行人文素养、人格修养的培养。

三、铁人精神发展儒家文化的时代价值

铁人精神创造性转化发展了儒家文化,体现在社会实践中与文化传承上,通过实践淬炼儒家文化时代精神,通过存续彰显儒家文化的时代价值,通过润泽滋养儒家文化的时代理念,继而形成新时代儒家文化的文化形态。

（一）铁人精神实践淬炼儒家文化的时代精神

儒家文化提倡自强不息、百折不挠的奋斗精神，具有现代价值。首先，儒家的人生哲学是一种积极向上的人生哲学，尤其体现在其人生态度上。其中，"明知不可为而为之"表现出崇高的责任感和主体精神，铁人精神中"有条件要上，没有条件创造条件也要上"同样体现了主体意识，客观条件不允许但仍然坚定不移地坚持下去，虽然看起来不可能完成，但它体现了顽强生命的真正价值，与"只问耕耘，不问收获""锲而不舍，金石可镂""人定胜天"等有相同的韧性、毅力和态度，体现了克服困难、战胜挫折、征服自然的决心，因此铁人精神是儒家文化在新时代的文化衣钵。中华优秀传统文化是我们民族的根，儒家文化的价值观是我们传统文化的灵魂。我们要实现中华民族的伟大复兴，就要守护这根，安放好这魂。其次，研究铁人精神实践淬炼儒家文化要与社会主义核心价值观相融合。了解铁人精神的经典故事，让经典的智慧点燃时代青年的智慧，让经典的爱国事迹点燃青年心火，让古圣先贤的思想和社会主义核心价值观对话。最后，在实践中形成铁人精神传承儒家文化的新载体。比如在高校开设"传统文化研修"课、"铁人精神塑魂"专题课，着重讲述儒家的修身智慧，阐释人格养成与铁人精神教育。在高校开展经典阅读班会等，在高校社团文化、校园文化建设上坚持每月开展传承中华传统文化、铁人精神文化周，力求在校园的各个角落，都能感受到儒家文化传播新载体的影响力。

（二）铁人精神存续彰显儒家文化的时代价值

铁人精神传承儒家文化根脉，在仁爱基础上又发扬了爱祖国、爱中国共产党、爱社会、爱人民、爱自然的"五爱"新文化。把铁人精神独特的人文资源运用于文化建设中,让传统文化的继承更有传承的时代力量。礼治是从个人规训开始,以促进社会的健康发展,在个人修养问题上,我们主张道德规范和社会规范对个人的制约。孔子把"君子"定义为集道德之大成的人,"君子"应该有一个基本的个性需求,包括"仁、义、礼、智、信"等优良品质。在处于个人和社会群体之间的关系时,"礼治"思想主张"仁政""己所不欲,勿施于人",应当尊重人与人之间的互助互爱关系。研究儒家文化的"常道"与"新命",研究铁人精神与社会主义核心价值观的相促相生关系,这对于今天文明城市建设、文明社会发展都有很好的参考价值,事实上,许多城市在创建文明城市的过程中,或多或少地借鉴了儒家传统的"礼仪规则"等思想。❶

（三）铁人精神润泽儒家文化的时代理念

铁人精神润泽儒家文化的时代理念。儒家哲学是围绕君子人格的塑造上展开的,其中《止学》一书中写道:"君子重义轻利。"这阐明了儒家哲学所倡导的价值观:精神价值高于物质价值,凸显了儒家哲学对塑造和构建当代青年精神世界的重要意义。在儒家哲学思想的渗透下,青年人将更加注重道德价值,在加强自我约束的同时提升自我修养。法治是社会对人们的外在约束,具有一定的强制性,个人修养则是自我的内在约束,具有一定的自觉性。如此使当代青年能在自我反思、自我监控、自我剖析、自我评价与自我改造过程中,及时调整和修正个人言行及思想,正确处理个人与社会的关系,为社会主义和谐社会的构建增添正能量,也继续弘扬铁

---

❶ 闫立光,张文彬,刘晓华.文化自信重塑与精神世界重建的中国道路——兼论社会主义核心价值观的构建［J］.佳木斯大学社会科学学报,2015,33（4）:65-66.

人精神传承儒家文化，使二者融合发展。总之，在铁人精神传承儒家文化的时代新理念中需挖掘"仁、义、礼、智、信、孝、悌、廉、耻、勇"品格的内涵与价值，逐渐形成新时代对传统文化的新解读，以及铁人精神对于传统文化的创新型转化传承的理念。在大学生文化精神培育中，要格外注重保留传统文化的精髓，逐步塑造大学生修身的德行，体现大学生新时代爱国奉献的精神。无论是儒家文化还是铁人精神，二者既有相关性，又互相影响发展，对新时代大学生的教育意义重大。❶

---

❶ 马英林.如何研究大庆精神铁人精神［J］.大庆社会科学，2014（5）：5-9.

第二章

融入社会主义核心价值观教育

第一节 在大学生中培育和践行社会主义核心价值观的有效途径研究

从高等院校对大学生的培养任务出发,塑造和培养大学生的社会主义核心价值观,对提高大学生的公民意识具有良好促进作用。大学生首先要具有公民意识,并通过接受高等教育形成公民心理,在强化观念中规范公民行为。与此同时,以社会主义核心价值观来衡量大学生思想教育,不仅是当下思想政治教育的重要使命,更是高校实现文化自觉的根本。这需要分析"00后"的高校大学生思想现状、价值观现状,提出培养其社会主义核心价值观的重要性和有效途径。[1]

---

[1] 蔡洁,元会芳,邓飞.当代大学生核心价值观教育现状及对策[J].文教资料,2010(12)189-191.

大学，即高等院校，最根本的任务之一是培养德才兼备的社会主义的合格接班人。大学生作为青年的代表，是社会未来的重要力量，关系到中华民族的兴衰，因此大学生的思想政治水平对建设中国特色社会主义事业起到不言而喻的重要作用。若要成功对高校的"00后"大学生进行思想教育，其主体教育内容必须要落在社会主义核心价值观上，这将决定具有中国特色的社会主义建设者的前途和命运。❶

一、当代大学生价值观现状剖析

（一）大学生的人生价值观呈现多元化

当代大学生的人生价值观不仅包括各种社会上的非主导价值观，也包括一些流行的亚文化。一些"00后"大学生存在思想表现多样性、行为不定性和性格差异性的特点。各种思潮及社会主义核心价值观并存于青年人的思想中，在人生价值和信念的追求过程中，也表现出多样化的趋势。❷

（二）大学生的价值观选择矛盾化

当代大学生处于多元的文化样式中，一方面开阔了视野，提供了多元的价值参考，一定程度上也能唤醒大学生对本民族文化的自觉；另一方面，面对西方文化的冲击，大学生缺乏足够的辨别能力，传统教育体系中的认知与西方文化的碰撞，使一部分大学生对文化的选择产生茫然或迷

---

❶秦克涛.当代大学生社会主义核心价值观教育的探究［J］.时代教育（教育教学刊），2011（8）：134.

❷黄永华.大学生思想政治教育适应构建和谐社会的着力点［J］.西南民族大学学报（人文社会科学版），2007（9）：222–225.

失，在价值判断与选择上出现矛盾心态，产生了价值观的混乱与价值选择的困惑。

（三）大学生的价值观取向趋于实用化

大学生由于人生观、价值观等正处于成熟期，也处于人际交往和就业择业等相关问题的关键时期，容易功利化、实用化，甚至有些表现为拜金主义和享乐主义，从而造成其社会责任、集体主义及团队精神的相对缺失，价值取向趋于实惠和务实。❶

二、在大学生中进行社会主义核心价值观教育需坚持的原则

（一）良好的网络环境具有积极作用

当今网络时代，学生人手一部手机，全天在网的不在少数。良好的网络环境对于人生观、价值观的培育有积极作用，强化网络文化管理和建设的有效手段有利于营造良好的网络环境。个别失衡的网络环境对大学生的成长极为不利，会在不知不觉中将网络使用者引向错误的价值方向。因此应努力提供合适、有效的平台来践行社会主义核心价值观，具体表现为加强网络环境建设、占领网络阵地、强化大学生心理、改善网络平台。

（二）坚持方法与手段相结合的原则

具体表现在将解决社会主义核心价值观培育与问题导向相结合。大

---

❶ 刘峥.社会主义核心价值体系融入大学生思想政治教育全过程初探［J］.黑龙江教育，2010（7）：40-42.

学生的价值观树立属于思想问题，而思想是通过日常行为表现出来的，当代大学生是在21世纪中逐渐成长起来的，他们具有鲜明的个性特点和情感特征，在日常生活中会经常遇到各类问题，其中就包括对当代社会思潮的辨别与认识问题，高校要切实针对现存问题，培养对国家、社会、家庭有贡献的大学生。结合高校立德树人的根本任务，高校应注重方法与手段的科学化、合理化、制度化，要使一系列的工作任务与解决大学生的实际问题相结合，才能够体现社会主义核心价值观培育与问题导向相结合的原则。

（三）转变教育者思维，变"灌输"为"引导"

灌输是思想政治教育的基本方法，但灌输方法并不是万能的，应该因人而异。一方面，随着知识传播和接受网络教育的人数增加，尤其是网络已经成为知识传播的主要形式之一，正在从根本上改变学生单一的课堂模式，引导了全方位的社会变革。另一方面，现实情况中当代大学生参加实践活动的能力较弱，常表现为缺乏实践经验，解决实际问题的方法较少。因此，应转变思想政治教育者的思维方式，变"灌输"为"引导"。

三、社会主义核心价值观在大学生中的培育途径

（一）加强校园文化建设

纵观大学校园文化现状，传统的校园文化活动虽然仍处于主要地位，但它对当代大学生的思想影响力度则变得日益衰弱，而受众群体较多的大众文化在思想意识与价值观念等领域对大学生产生了越来越重要的影响力，因而我们需要对其保持高度的关注。当前各类大众媒体的影响力之所以在大学生中日益增强，在于其"润物细无声"的感染力，在于

其贴近现实的震撼力,在于其易于接受与领会的亲和力。❶

(二)开展社会实践活动

大学生的学习生活中有很多关于校园、社会文化的实践学习。校园生活可以丰富大学生文化生活,社会实践可以丰富大学生的人生阅历。我们通常认为,大学生应该以学习为重,但是新时代大学生要想成为优秀的专业人才,就不可能离开社会群体和社会实践,一些校园文化活动和社会实践可以增强大学生适应社会的能力,在价值观形成阶段,应让大学生在试错、纠正、再锻炼这样的过程中逐渐形成坚强的意志和品质,树立正确、健康、理性的价值观。所以,高校中发展社会实践的作用不容忽视。学校通过与企业、社区和各类社会组织等资源联动,为大学生提供更多的社会实践机会。

(三)发挥模范人物的示范作用

模范人物所体现的坚定的价值追求和充满活力的人生,有利于引导当代大学生贡献社会。社会主义核心价值观正确地揭示了人与人、人与社会、人与自然之间的相互和谐关系,通过社会主义核心价值观引导大学生理解生命的意义,向模范人物学习,鼓励大学生实现人生理想。通过典型的榜样作用,树立正确的价值观,行为引导示范、激发内在动力是加强青年人思想政治教育的重要路径,也是青年人形成正确价值观的重要途径。

总之,大学生价值观的培育是一个长期的、系统的工程,不仅需要高校教师、学生家长关注并实践,更是一个需要全社会共同参与的工程。要

---

❶ 冯达成,李艳君.和谐社会视域下建构大学生价值认同的思考[J].广西教育学院学报,2009(5):88—91.

围绕构建社会主义核心价值体系的目标要求，创新方法和途径，贴近实际、贴近生活，开展合理有效的教育，培养大学生将社会主义核心价值观内化于心、外化于行。

第二节 信息社会背景下"00后"大学生社会主义核心价值观的培育

现代信息社会背景下，社会生活充斥着包括网络在内的各类媒体，而作为年轻一代，"00后"大学生价值观的培养已成为当代大学生思想教育中重要的组成部分，在对"00后"大学生价值观的培养过程中，对当代信息社会的透彻学习和了解必不可少。牢牢把握传媒社交网络的积极影响，更好地引导当代大学生的思想动向，是形成科学、正确的社会主义核心价值观的培育策略。

作为各种信息传递的载体，网络传媒是现代社会人思想交汇和碰撞的场所，是客观存在的大学生价值观重要的影响因素。我们必须抓住契机，对其进行积极探索，社会主义核心价值观不是抽象的，我们必须向大学生广泛宣传，通过各种网络、新媒体等重要平台传播社会主义核心价值观，培育大学生社会主义核心价值观，必须积极使社会主义核心价值观得到青年学生的理解、认同和接受，才能更扎实地对青年学生进行社会主义核心价值观的正确引导和培育。❶

---

❶韩建华，张帆.试论高校校园网络文化建设的对策［J］.山西青年管理干部学院学报，2013（2）：39–41.

一、信息社会背景下大学生社会主义核心价值观的形成和变化

人的思想形成的最重要的时期是学生时期。社会主义核心价值观融入个体思想中最重要、最决定性的环节也是如此,大学期间更是最根本、最重要、最集中体会社会主义核心价值观的时期。[1]这种思想融入学生的学习、生活,甚至能够真正潜入大学生的灵魂,成为大学生们共同遵守和维护的目标性行为,然后作为稳定而长期的传统价值,一代又一代地传承下去。[2]

大学生群体有坚定的信念,因而具有灵魂的价值;有忠诚的理想,因而具有目标的价值;有爱国和创新精神,因而具有发展的价值,最终,可以升华到最根本的社会主义核心价值观。[3]这几个方面作为相互联系而不可分割的整体,其内容是高度统一的。大学生以马克思主义思想为指导,要拥有最坚定的社会主义信念,首先要坚定中国共产党的领导,坚持中国特色社会主义理论的指导,还要树立社会主义核心价值观。在大学生世界观、人生观和价值观形成的重要阶段,高校负有重要使命。[4]青年大学生是国家的未来,是中国特色社会主义事业发展壮大的人才希望,也是文化的主要传播者。作为国家民族的未来人才,实现远大的人生理想,是每名大学生的人生目标。通过社会主义核心价值观结合大学生思想政治教育,积极提高"00后"大学生的思想认识,塑造精神灵魂,这是高校的使命和责任。[5]

---

[1] 李兵龙.试论高校校园网络文化的建设与管理[J].广州广播电视大学学报,2007(4):21-22.
[2] 谢丽娴.论高校思想道德教育中的学生个性培养[J].高教探索,2003(3):13-16.
[3] 张朝龙,余建杰,钱莉.建设核心价值体系夯实大学生思想道德基础[J].理论界,2008(8):35-37.
[4] 王小兵.当代大学生理想信念问题研究[J].中国冶金教育,2008(3):14-15.
[5] 张颖.谈新时期大学生荣辱观的培育[J].吉林教育,2008(3):9-11.

青年学生精力充沛、思维敏捷，在对社会主义核心价值观的学习和培育过程中，最具有活力和创新精神，但可能会经常出现一些实用主义和功利主义倾向。随着网络社会的不断发展，各层次媒体鱼龙混杂，新媒体、新平台、二次元文化、非主流意识，其中不乏掺杂了一些负能量思想，因此要时刻警觉意识形态主阵地的守护。为实现中华民族伟大复兴，就需大力实施思想阵地宣传战略，全面推进素质教育和爱国教育，完善社会主义核心价值观保障体系，适时激发当代大学生的热情。当代大学生必须继续加强创业精神，勇于开拓创新。❶个别学生缺失了正确的荣辱观和价值观，而依靠扭曲的世界观、人生观和价值观对待世事，信念模糊，因此，在加强思想教育的过程中，社会主义核心价值观是重中之重，它将引导学生树立正确的人生理念，使学生知道荣辱，爱国爱党，上进学习，用科学的眼光去看待一切问题。❷

二、各类思潮在"00后"大学生的社会主义核心价值观形成过程中的影响

随着社会生活的迅猛发展，当代大学生的人生价值观呈现多元化，不仅包括各种社会上的非主流价值观，也包括一些流行的网络文化等。一方面，一些"00后"大学生的思想表现出多样化，行为表现出不定性，性格表现出差异性，在这种情况下，学生思想发展出现偏差，行为活动出现偏离，都需要引起社会与高校的重视。要弘扬主流文化精神，在多数学生群体中宣传正能量，树立榜样，形成奋斗精神。另一方面，个别

---

❶ 朱海龙.文化与实践创新：大学生社会主义核心价值观建构的途径分析[J].教育理论与实践（学科版），2012（4）：35-36.

❷ 周静.新形势下加强大学生民族精神教育的思考[J].法制与社会，2010（1）：33-34.

学生面对非主流文化的冲击，缺乏足够的辨别能力，在人生价值和信念的追求过程中，在价值判断与选择上呈现矛盾心态。从中可以看出，我们对传统教育体系中的思想教育设置亟须完善，须加强对西方文化的认知、对自身文化的强化和社会主义核心价值观的固化。❶中华传统文化包括爱、忠诚、仁义、礼信等基本概念，是人类共同的追求和信念，我们可以选择性与其他国家实现多种文化的交流、对话和讨论，有利于社会主义核心价值观的建立。因此，社会主义核心价值观是一种可以进行沟通和完善的文化。只有放弃个人的标准和狭义的社会标准，以人的基本生存和发展的价值诉求为目的，从客观的视野中去形成真正一流的价值观，从而逐步形成社会主义核心价值观。中国共产党就是从人类共同发展的角度出发，积极培养青年一代的思想元素和情感因素，鼓励他们树立社会主义核心价值观。

三、对"00后"大学生社会主义核心价值观的个性培育

对当代"00后"大学生进行思想教育的同时，更应注重其理想、人格的教育，最终实现有机统一。实现人的全面发展是社会主义核心价值观的前提和基础，而网络一代强调有个性的思想生活，传统的思想教育必须深入发展到互联网，利用先进的网络文化吸引学生，才能极大地促进大学生思想政治水平的提高。教学的内容、形式、方法、手段都需要更新，逐渐淘汰以往固化的思想道德教育模式。我们更要包容在网络背景下成长的当代"00后"大学生的各种不成熟心态，注重大学生的个性培养，寻找和实

---

❶ 覃昆，邓琳，张蓉蓉.现代传媒对大学生社会主义核心价值观的影响［J］.贵州师范学院学报，2012（7）：43-45.

现大学生的个性发展与社会主义核心价值观和谐统一的途径。❶

目前对于高校大学生的思想教育，沟通和交流最重要的网络渠道是校园网。作为大学生价值观教育的文化语境，校园网更新了传统的交流模式，依靠筛选式的"灌输信息"，充分利用现代信息技术，优化了培养模式，建立了道德立场和导向。为了进一步实现学生人格教育和尊重个性差异，可以考虑创造一个更宽松、更和谐的自由而有序的网络环境。利用网络媒体对学生进行社会主义核心价值观的培养，是当下各大高校主要采用的方式，有利于建设良好的"社会—学校—家庭—媒体"的四联合教育模式。❷

在当代网络文化充斥社会的文化背景下，对人生观、世界观和价值观正在生成期的"00后"大学生来说，对他们进行思想引导、个性化关注和价值观强化十分必要。实现自我教育是教育的最终目标，积极引导网络一代青年学生，使他们具有独立思考的能力和自我教育的能力，从而提升大学生的文化层次。对大学生的个性教育应注重意识形态引导，完善和提高其对社会主义核心价值观的认知和实践水平，并最终实现社会主义核心价值观教育。

---

❶ 郭素红.网络文化背景下大学生社会主义核心价值观的培育［J］.湖北广播电视大学学报，2011（4）：13-14.

❷ 刘峥，刘新庚.青少年学生社会主义核心价值观导引体系研究［J］.中国青年研究，2012（2）：37-38.

第三章

融入大学精神文化教育

第一节　新时代中国特色社会主义大学精神的构建研究

探讨新时代中国特色社会主义的大学精神,关乎中国特色社会主义大学的发展建设。本书将分析中国大学精神的发展现状,检视大学精神的危机,构建新时代中国特色社会主义的大学精神,弘扬新时代中国特色社会主义的大学精神特质。

何为大学精神?即大学经过长期积淀在自身发展过程中塑造的形象标识,被师生认可与遵循的价值理念与情感依托。时代越发展,大学精神越体现着大学的立校宗旨,是大学生存基调的价值依归,也是大学建设永续发展的精神保障。党的十九大报告指出"经过长期努力,中国特色社会主义进入了新时代"❶,党和国家对新时代的大学提出了新要求,高等教育要"坚持为人民服务",突出了以人民为中心发展新时代大学教育的鲜明立场,新时代大学更具人民性,因此构建新时代大学精神应牢牢遵循中国特色社会主义大学的办学宗旨。❷然而,在大学与社会多维互动的因素制约下,大学应该独有的精神意蕴却屡屡受到诸多消极影响和干扰,大学生虽有个性自由特征,但创新发展意识还不够突出,独立意识有待高校进一步培养。以此为由,对我国大学存在精神缺失的现状进行追问,正视我国大学精神存在的历史与现实危机,审视我国大学文化与传统文化危机的深层原因,进而在大学的内在精神与新时代价值观中找到精神重建的切入点,弘扬新时代大学精神。

一、我国大学精神的发展现状

20世纪与21世纪交汇之际,中国经济的快速发展促进了大学发展建设,我国大学规模发展之迅猛为世人惊叹,大学数量增多,大众化教育进程全面推进。实际上,我国高等教育历经了几十年的磨砺与考验,可大学数量的增多并不代表大学的高质量发展,跨越式发展并没有促进大学文化软实力的提升,基于此,不能小视我国部分大学频现的大学精神弱化、人文精神失衡等亟待关注的问题。

(一)四维教育视角下剖视大学精神的人文危机

"同而进,不同而退。"人文教育与科学教育失协。人文教育是大学进

---

❶ 习近平. 决胜全面建成小康社会 夺取新时代中国特色社会主义伟大胜利[N]. 人民日报, 2017-10-28(1).

❷ 教育部课题组. 深入学习习近平关于教育的重要论述[M]. 北京:人民出版社, 2019:5-6.

行人文精神培育的有效途径，大学人文精神作为一种大学的内心资源和情感寄托，是无形的，但作为一种约定俗成的规范和约制又是可体可感的，大学人文精神是师生在文化认知活动中形成的一系列价值观念和自我关怀，体现在关注人对人、人对社会及人对自然的价值认同，表现在维护人格和尊严、关切生命价值和人生命运、珍视各类精神文化现象的高度上，大学人文精神作为一种理想信念在促进大学生全面发展和人格塑造上发挥重要作用。大学人文精神一经确立，会对大学的教学管理、科研管理、思政育人和服务育人等起到重要的指引和约束作用。但是，今天有不少大学教育规制中科学教育与人文教育的协同关系处理得并不好，部分大学因急于培养实用型人才较重视科学教育，而忽视重要的人文教育，人文教育渐渐处于大学的边缘地带，缺乏人文底蕴的科学教育培养出来的大学生虽有专业能力，但综合素质与人文修养偏低，导致社会上出现了一批高智商低情商、缺乏逆境适应力，抗挫能力差的社会"巨婴"，他们在社会大挑战里缺乏奋斗意识，缺乏社会担当意识，给家庭与社会带来巨大负担。正因为部分大学重理轻文、重术轻道，缺乏人文精神的涵养，致使"批量生产"出的"人才"缺乏创新精神与批判精神，且"人才"自身可持续发展能力极为有限。"求真"是科学教育的本质，"求善"是人文教育的本质，二者均着眼于大学精神。❶倡导人文精神、注重人文教育是大学永恒的历史使命，但大学中科学教育的过分加重，掩盖了人文教育的积极意义，事实上，同时具有科学精神与人文精神的综合性现代化人才是培养时代新人的国标。

传统教育与现代化教育还存在时代冲突。中国大学教育理念还留存着中华优秀传统文化的痕迹，这是中华文化的自觉指向，也有红色革命文化

---

❶ 储朝晖.中国近代大学精神史［M］.北京：人民教育出版社，2013：8-9.

的历史烙印，更有社会主义文化的时代基础。大学是历史的产物，由历史积淀而成的传统教育是大学绵延传续的精神力量和内在根基；大学又是现代化的产物，不断变革是大学精神永续之法宝；大学更是时代的产物，大学的传统教育应随现代化教育要求适应变化发展。大学精神缺失的另一个表现是没有注重传统教育与现代化教育相联系，过度信奉传统教育，以至于大学教育缺乏了应有的创新力，现代化教育没有在传统教育这棵大树上开花结果，造成一些大学的人文精神走向固陋、封闭、滞缓的境地，固守传统或者偏执变革都是对新时代大学精神的亵渎和误解。大学的本质应该是进步创新，体现在不固陋、不执拗、不迂腐，面对新科技、新技术、新变化，要勇于接受适应并创造性转化与发展。应对传统与现代化、传承与超越的矛盾，传统教育应与躬耕于教育实践的现代化教育协同共进。新时代大学精神是传统继承和现代化变革和谐发展的结晶，是新时代大学处理好矛盾的关键，也是促使大学跃升发展的动力引擎。

（二）时代冲击背景下反思大学精神危机的成因

当今大学文化史加主观性、碎片化，不确定性更强。以中国的高等教育系统为例，大学模式本由西方传入中国，西方模式带来的负面影响导致大学文化嫁接水土不服。历史根基的薄弱导致大学自信心不足，对大学文化的形成产生消极影响。我国也曾试图模仿和复制西方大学的教学与科研模式，但在高等教育体系的管理方面，中国大学教育体系却与西方大学教育体系有着本质上、体制上的明显差异。受国际上各种大学评价模式的影响，部分国内大学跟风，盲目地以国际标准为大学发展水平的评价指标，而西方思潮的渗透、不良人文的喧嚣和干扰等，使中国大学的人文精神和教育自信受到一定影响，因此，高校更要以传统文化为根基,培养大学人文化自信,树立中国特色社会主义大学的发展信心,培育时代新人。

大众文化的一些负面效应对大学精神存在部分侵蚀,高等教育大众化的冲击消解了大学人文精神,大众文化不同于通常所讲的群众文化、民俗文化,它是指那些借助于大众传媒,以谋取商业利润为目的服务于大众消费娱乐的文化形态。大众文化是有其积极意义的,但大众文化具有泛娱乐性,以娱乐取代了艺术。大众文化具有平庸性,势必压抑大学生的个性。大学生正处于成长成才期,而大众文化在校园的泛滥易使大学生的价值判断力减弱,终日沉浸于网络游戏、新媒体多元文化的虚幻世界中,最终导致大学生缺乏社会责任意识、思想道德修养严重滑坡。社会众多不利的客观因素导致一些大学生逐渐被功利迷了双眼,丧失了精神追求,缺乏自省意识,造成个别大学生无法反思自身存在的问题,带"病"生存,无法健康发展。大众文化世俗化的冲击同样给大学文化带来诸多负面影响,大学文化的高品质和网络文化的世俗化相悖,网络虚拟社会的形成虽然能使大学生以更广阔的视野了解不同文化的边界与交集,但是大学文化以品质取胜,网络文化以通俗适用,二者在大学校园出现冲突,大学文化与网络文化并未有效适应融合,新时代大学生不仅要面对社会的多元变化,更要应对网络文化的挑战。

二、构建新时代中国特色社会主义大学精神

构建新时代大学精神应注重结合新时代大学的办学宗旨,坚持引导社会进步的原则,把握继承与创新的关系,关注文化继承与历史教育。构建新时代大学精神要加强党史、国史教育,并辅以中华优秀传统文化,

新时代大学精神来源于对社会主义大学教育应然使命的深刻洞见与本质认识。

（一）以文化基因传承构建新时代大学精神

知者行之始，行者知之成。中华优秀传统文化是坚实新时代大学精神的根基。具有强烈的民族感召力，蕴含深厚的人文思想，是新时代大学人的精神财富。新时代大学要以中华传统文化为大学精神重建的文化根基，要以传统文化培育和谐大学精神。张载的横渠四句"为天地立心、为生民立命、为往圣继绝学、为万世开太平"体现了我国古代儒生的志向和传统，体现了大学自古有之的历史使命。❶新时代大学人学习借鉴传统文化并不是完全的模仿与照搬，而是吸纳传统文化的精髓，在育人体系中培育学生知仁、明义、学礼，成为品格高尚、志趣高远的全面发展的人才。儒家文化中提倡厚德载物，道德是一个人处世的根本，是仁义的基础，是获得成功的重要品格，厚德载物是许多大学的校训和人才培养目标。儒家思想中正视现实，自信自强、斗志昂扬的入世思想是值得新时代大学借鉴的。立足当下，未来可期，将儒家文化融入育人体系，对构建新时代大学精神具有重要意义。红色革命文化强壮了新时代大学精神的骨骼。红色革命文化是中国共产党与中国人民红色革命时期形成的一种特殊文化形态，新时代大学生要深刻理解红色革命文化的"人、物、事、魂"，不忘革命志士、红色精神。中国大学与西方大学的不同之处在于中国大学有着鲜明的红色革命文化特征，同时具有红色革命文化的精神内核，敢为人先、敢创新路是新时代大学精神的重要体现。在中国大学发展进程中

---

❶ 储朝晖. 中国近代大学精神史［M］. 北京：人民教育出版社，2013：8-9.

要以红色革命文化为背景进行爱国主义教育，以激昂向上的红色精神作为人格特质，培养新时代大学生。在文化传承基础上，社会主义先进文化逐渐形成，在新时代视域下，新时代大学精神同样体现了社会主义先进文化的特点。社会主义核心价值观是社会主义先进文化的价值主轴，在新时代大学精神的形成与发展中发挥了价值导向作用。新时代中国特色社会主义大学不等同于一般性的社会组织，新时代的大学与以往任何时代的大学相比有着历史责任的不同、社会责任的不同、育人理念的不同，因此，要坚持以社会主义先进文化蕴染新时代大学精神，鼓舞激励新时代大学师生。

（二）以国史、党史学习教育构建新时代大学精神

以史为鉴，承古强今。中国特色社会主义大学是培养国家各项事业接续人才的重要机构，因此新时代大学精神要鉴于党史、国史的学习教育，培育坚信社会主义道路、坚决拥护中国共产党、为民族复兴奋勇拼搏的新时代大学生。党史、国史记录了中国共产党和中华民族的发展与奋斗，也记录了其走向何方的探索史与发展史，蕴含着丰富的社会主义大学治理智慧。

牢记国史。中国大学的建校历史与国史命运荣辱与共。一个大学的精神构建不容忽视其历史经历，国史这条主线贯穿着中国大学各个时期的发展建设过程，国史教育是大学精神构建的历史根基，是新时代奋进者的精神读本，是新时代大学的历史情怀。当然，大学精神也离不开各个时期的建设者，更离不开一代代师者与学子的薪火传承。回顾历史，西南联合大学一直秉承"刚毅坚卓"的大学精神，始终指引着大学师生上下求索、赤心报国。抗日军政大学、陕北公学、延安女子学院、鲁迅艺术学院等大学，开启了创办和领导中国特色新型高等

教育的伟大实践。❶ 但是，大学精神构建依然不能只是推翻，应是清醒认识历史、回望历史节点。每所大学的辉煌校史既是大学精神形成的纪实，又是国史教育的同期印证，更是每所大学人文精神的生成发端。名校有名校培养的国之重器，普通大学有普通大学培养的工匠之技，每所大学致力于不同的目标，但共同的历史使命即是大学精神的新时代使命。正因如此，勿忘国史，牢记使命是对新时代大学师生的应然要求。

牢记党史。中国共产党党史是一部丰富与生动的中华民族复兴之路的教科书。新时代大学生要从党史学习教育中学习中国共产党艰苦奋斗精神、矢志不渝精神、开拓创新精神；新时代大学师生要铭记党的光辉历史，增强奋斗意识；新时代大学生要以满怀敬意的态度学习中国共产党的革命史、发展史、建设史，汲取奋斗经验；新时代大学师生要把党史看作政治必修课，修好这门课；新时代大学师生要借鉴党史，树立科学的历史观，用科学方法指引大学建设；新时代大学师生要学会自觉地认识党史，从党史中获得智慧，发展自身；新时代大学师生要学习中国共产党用历史发展的眼光想问题、作决策，要不断推进新时代大学发展进步。中国共产党历代领导人的教育思想对我国大学建设与大学精神的培育都有着深刻的影响，提出要办好人民满意的大学，坚持正确的办学方向、聚焦新时代大学的根本使命。

三、弘扬新时代中国特色社会主义大学精神的特质

中国特色社会主义高校要扎根中国大地办学，习近平总书记特别强

---

❶ 储朝晖. 中国近代大学精神史［M］. 北京：人民教育出版社，2013：8-9.

调，要全面贯彻党的教育方针，坚持社会主义办学方向。因此要高度重视新时代大学发展建设，特别注重大学人才培养，尤其倡导铸魂育人，培养时代新人。新时代中国特色社会主义大学的精神是在新时代历史背景下、大学内涵式发展过程中产生的，并且逐步筑牢。

（一）弘扬中国特色社会主义大学精神的首要特质

坚定正确的政治方向。新时代大学要始终拥护中国共产党领导，走中国特色社会主义道路，坚定正确的政治方向，在此基础上衍生的中国特色社会主义大学精神的首要特质首先体现在人才培养的政治方向上，直接映射在青年大学生人格精神上。新时代大学是党与国家人才培养的储备池，新时代大学培养的青年人才是国家活力和核心竞争力的集中体现。中国特色社会主义大学要为党和国家培养人才，要培养社会主义建设者和接班人，要通过立德树人培养时代新人，这是新时代人才培养价值的新判断。青年人才战略价值日益凸显，社会主义大学培养的青年人才是组成中国共产党奋斗历程接续者和传承人的重要力量。面对国际各个国家之间人才抢夺的激烈竞争，人才强国战略作为国家战略，就是要在新时代大学生人格塑造上更加注重社会主义核心价值观的培育与践行，进而使新时代大学精神培育下的大学生内在人格特质和外在特质符合国家发展与社会发展需要。因此，中国特色社会主义大学坚定正确的政治方向可以保障新时代大学人才培养的目标与党和国家的奋斗目标同向同行，也可以保证新时代大学精神与社会主义核心价值观同质同根。

坚持立足独特的国情。我国当前仍处于社会主义初级阶段的基本国情没有变，新时代青年大学生将承担起国家与民族未来发展的时代重任与历史使命，因此新时代大学承载着培养国家青年人才的使命与责任。国家使命即大学使命，新时代大学精神与时代呼应呈现青年人才成长的新观念、新境界和新作为，只有立足国情的大学精神才可以成为培养时代新人的精神指引。立足国情的新时代大学精神突出了新时代大学奋进的目标和任务，注重青年人才培养与国家发展需要，体现社会主义大学服务国家与社会的首要特质。青年成长的关键阶段即大学阶段，新时代大学精神是青年成长航向的灯塔，是大学生灵魂塑造的重要依托，只有深刻地了解中国的国情，大学生才能不断积累实践新经验、形成时代新认识。

坚持以人民为中心发展教育。新时代教育要以人民为中心的鲜明立场，因此在以人民为中心发展教育的理念指导下，我国大学教育人才培养导向与目标要更加契合新时代发展需要，这是弘扬新时代大学精神的核心动力。新时代大学教育要凸显教育发展方向的人民性，大学生全面培养要注重以人为本，促进大学生的全面发展。因此，大学生成长的价值定位是为人民的利益而服务，新时代大学精神凝练过程中应把人民对美好生活的向往与大学生自身追求美好生活相统一，作为大学生自身成长成才的根本目标与奋斗目标，应把为人民的幸福贡献青春力量作为新时代大学生的成长航向。

坚持立德树人的根本任务。习近平总书记在多次教育会议与高校座谈中提出"高校立身之本在于立德树人"，"立德树人"作为新时代大学的立校之本和育人要义是培养时代新人的根本战略任务，这里"立德树人"的实质就在于为大学生成长成才提供重要支撑，培育大学生"崇德""明德""修德"。"立德树人"内化新时代大学精神的育人特质，引导大学生在服务国家和社会发展需要的过程中更好地实现自我生存、自我发展和自我完善。将坚定正确的政治方向、坚持立足独特的国情、坚持立德树人确定为新时代大学精神的首要特质，是对新时代大学精神本质的科学概括和把握。

（二）弘扬中国特色社会主义大学精神的动力特质

以深厚的为民情怀指引新时代大学的办学方向。我国大学近些年来创造了许多科学研究、学术创新、人才交流的辉煌成绩，这些历史性的成就最根本的一条经验就是以深厚的为民情怀指引大学的办学方向。新时代大学精神最直接的体现就是做好为人民服务，培育时代新人的本职工作，大学无论规模大小，都应该把为人民服务作为培育人才的目标，切实做到为人民服务发展高等教育，而要做好这一点，必定离不开树立深厚的为民情怀。我国社会主义大学培育的时代新人，是中国特色社会主义的代言人，是真正能够迎接重大挑战、克服重大阻力、抵御重大风险、解决重大矛盾的时代奋斗者。

以强烈的文化自信塑造新时代大学的办校灵魂。在五千年的历史文化自然孕育下，中华文明有文化自信的强大理由，中国大学自然有大学精神的文化自信，同样的事实证明，中国大学也最有理由以强烈的文化自信塑造新时代大学的办校灵魂。文化自信激发的大学精神力量能够帮助大学生完成人生理想的美好追求，使大学生在新时代的文化情境中达成心灵的宁静与精神的圆满。文化自信既是实现中华民族伟大复兴和中国梦的信念支撑，也是大学生充盈自身精神世界、振奋民族精神的力量、实现美好幸福生活的生命力所在。文化自信蕴含了一种新时代大学崇尚和谐的价值追求，弘扬了一种新时代大学自尊、自信的主体精神，彰显了一种新时代大学理性包容的民族心态，展示了一种新时代大学昂扬进取的精神面貌。

以自觉的担当精神培育新时代大学的教师队伍。新时代大学的教师队伍不仅包含专业教师，更包含思想政治教育的工作者。专业教师既有教书育人的责任，又有科研学术的任务，因此大学教师既要重视教书育人，又要重视科研育人,大学教师要活出"长、宽、高",即生命的高度在科研,生命的长度在育人,生命的宽度在精神,在求真、求新、求深中淬炼才能。思想政治教育的工作者要有树立新思维的意识,这是新时代大学思想政治教育工作者的关键能力,以自觉的担当精神培育具有政治思维、整体思维、开放思维、创新思维的思政工作者,培育育人水平高超的教师队伍是新时代大学的重要任务。大学的育人工作质量离不开各个教师队伍的有效协同。新时代大学要以自觉的担当精神培育教师队伍,使其成为大学生的灵魂摆渡人,成为大学生的专业引路人,成为大学生创业就业的策划人,成为大学生奉献祖国的铸魂人。

第二节 新时代中国特色社会主义大学精神的价值回归

"求木之长者,必固其根本;欲流之远者,必浚其泉源。"中国大学在新时代背景下如何安身立命?如何设定人才?如何解读人才?如何发展人才?我们试图以中国特色社会主义大学的精神追求与办学理念为线索,着力探寻新时代中国大学的精神使命、内涵与价值,进而对中国大学精神进行全新的研究,探析新时代中国大学发展的动力、新时代中国大学的理想,并最终探索属于中国特色社会主义大学精神的价值意蕴。

习近平总书记说"世界上不会有第二个哈佛、牛津、斯坦福、麻省理工、剑桥,但会有第一个北大、清华、浙大、复旦、南大等中国著名学府。我们要认真吸收世界先进的办学治学经验,更要遵循教育规律,扎根中国大地办大学"❶,强调了在新时代创办中国特色社会主义大学的重要意义与发挥新时代大学精神的时代意义。中国特色社会主义大学从文化角度上继承了中华优秀传统文化,在办学模式上吸取了西方大学现代化教育的办学经验,创新了中国特色高等教育规模。正是有"上法三代、旁采泰西"的原则引进西方现代大学制度,20世纪初中国高等学府才有了别具一格的中国大学精神的萌芽,同时中国大学经历了一个多世纪的千锤百炼,弦歌不辍,在艰难岁月里逐渐蜕变为21世纪人才培养池与创新科技的活水池。

有关学者言:21世纪中国大学的现实困境在于成功地移植了西洋的教育制度,但谈不上很好地继承了中国人古老的"大学之道"。中国大学在发展与建设的道路上曾经面临自我认同的迷茫与困顿,这需要更清晰地认识大学精神来消除这种迷茫。同时世界各国大学的发展实践纷纷证明,大学精神是站在大学制度体系、管理模式上起到统摄作用的一个形而上、对大学发展至关重要的因素,堪称大学生长和前进的灵魂。因此,在世界百年未有之大变局的当下,我们要真正解决好大学精神的问题,这才是中国大学进入更大规模、更高层次、全面发展的前提。

新时代大学精神建立在高等教育发展与高校育人工作的基础之上,从本质上看,大学精神是贯穿于大学与社会、个人与国家及大学发展的独特标识,也是实现创建世界一流大学目标的精神动力和实践要求。中国有中国的国情,中国大学有中国大学的精神,因此要更加清楚地认识中国特色社会主义大学精神的价值意蕴。

---

❶ 习近平.青年要自觉践行社会主义核心价值观——在北京大学师生座谈会上的讲话[N].人民日报,2014-05-05(1).

一、传统的捍卫：中国特色社会主义大学精神的新时代探赜

习近平总书记在全国高校思想政治工作会议上的重要讲话中强调，我国有独特的历史、独特的文化、独特的国情，决定了我国必须走属于自己的高等教育发展道路，扎实办好中国特色社会主义高校❶。高等教育的发展于各个国家而言是不相同的，我国高校应以国家自身发展特色和中华民族独特而悠久的文化为主，积极发展具有中国特色社会主义的高等教育。习近平总书记指出："古今中外，每个国家都是按照自己的政治要求来培养人的，世界一流大学都是在服务自己国家发展中成长起来的。我国社会主义教育就是要培养社会主义建设者和接班人。"❷这就意味着中国特色社会主义大学要走出自己独特的发展道路，在这样独特的历史、独特的大学文化背景下拥有独特的大学精神。大学精神决定着一所大学的发展，大学的发展与高等教育发展密不可分，鉴于此，中国特色大学理念要同我国发展的现实目标和未来方向紧密联系在一起，要为人民服务，要为中国共产党治国理政服务，要为巩固和发展中国特色社会主义制度服务，要为改革开放和社会主义现代化建设服务。但是，同时我国的高等教育的发展仍然面临许多严峻的问题，只有将这一系列问题彻底解决，才可以正面、具体、充分阐明中国特色社会主义大学在国家发展中的地位与作用，才可以明晰新时代我国大学教育发展的方向与战略。新时代中国特色社会主义高等教育的重要使命需要在历史方位中重新审视，"坚持把服务中华民族伟大复

---

❶习近平在全国高校思想政治工作会议上强调 把思想政治工作贯穿教育教学全过程 开创我国高等教育事业发展新局面［N］.人民日报，2016-12-09（1）.

❷习近平.在北京大学师生座谈会上的讲话［N］.人民日报，2018-05-03（1）.

兴作为教育的重要使命"❶，这是高校铸魂育人的政治引领，同时也标志着新时代大学精神承载着为中国特色社会主义大学铸魂的独特使命，也是中国特色社会主义大学安身立命的标尺。

新时代大学精神逐渐成为中国大学的发展信仰。如何坚守信仰永不动摇？这需要认清三个独特使命。首先，大学精神是中国大学的立身之魂。从本质上看，大学发展遵循一定发展范式，形成一种固守的精神特质，大学精神在本质上体现了大学的办学理念与办学灵魂，在实际办学过程中，大学精神更是大学本质特征的生动折射和价值取向的自由体现。目前，中国特色社会主义大学的新目标是创办世界一流大学，这是中国高等教育历史上一个伟大目标，从此目标出发，中国特色社会主义大学要逐渐成为引领国人、引领社会、引领时代、引领世界的新航标，回归大学精神本真，中国特色社会主义大学要彰显思想性、创造性、独特性，传承独特的精神特质，中国特色社会主义大学要成为世界一流大学，需要砥砺前行。其次，大学精神是大学的立心之源。大学精神是大学的精神气质在大学教育以及各类活动中的创造性体现，对于国家发展与民族命运，大学师生表现出一种强烈的国家民族忧患意识。五四运动以来，他们坚韧不拔、从容不迫，将自己的生死置之度外，肩负起国家的使命与时代的重任，"天下兴亡，匹夫有责"的家国情怀、民族意识成为中华民族的共识，同时也成为大学师生的心中之重。21世纪以来，中国大学逐渐由追求发展规模演进为追求发展质量，大学从时代发展中秉承了时代精神，肩负起中华民族发展的重任，培养时代新人，紧抓大学生思想阵地，担负好引领社会发展的时代先锋。大学精神是师生灵魂中的点滴闪光，是学子离开校园以后仍不能

---

❶ 习近平在全国高校思想政治工作会议上强调 把思想政治工作贯穿教育教学全过程 开创我国高等教育事业发展新局面［N］.人民日报，2016-12-09（1）.

忘却的重要灵魂。最后，大学精神是大学发展的不竭动力。一所优秀大学一定是具有独特大学精神的大学。"可以寄托灵魂与理想的大学，它宁静而永恒的魅力在四海散发着余韵。"❶ 中国大学的发展动力不局限于个体的奋斗实践，而是集体的分享与聚合，其不仅关乎国家、民族、个人，也关乎大学文化、社会文化和国家文化，从中可见中国特色社会主义大学精神的特殊内涵和历史意义，这凝聚着大学发展生生不息、永不懈怠的不竭动力。

二、精神的回归：中国特色社会主义大学精神的新时代内涵

大学精神是大学在办学历程中逐渐形成与积淀的精神特征，是一所大学得以长期发展的精神特质，大学精神体现了一所大学整体的面貌与特征，映现出一所大学的凝聚力、生命力与感召力。实际上，中国大学在20世纪出现过困境。一方面，虽然成功地复制了西方大学的教育体系，但是却没有完美继承中国古老的"大学之道"，中国大学在成长的过程中出现了自我认同迷失的阶段。另一方面，没有中国精神的深远润泽，中国大学很难办出特色，培养出国际一流人才，更谈不上焕发勃勃生机，中国大学精神是中国精神在大学发展中的延展。因此，新时代大学精神明晰了中国大学的精神追求与办学理念，明确了大学精神在大学发展中的地位，同时也界定了中国特色社会主义大学理念的独特内涵。

厘清中国特色社会主义大学理念要界定四个内涵。一是新时代中国大学的理想和目标。在党的全面领导下，中国特色社会主义大学必须以服务国家、服务社会、服务人民为根本目标。我国高等教育必须顺应世界经

---

❶ 张曼菱. 西南联大行思录［M］. 北京：生活·读书·新知三联书店，2013：266-267.

济、科技和社会发展趋势，尊重教育发展规律，立足现实，更要以满足国家发展需要为目标，制定符合实际的发展目标和中长期改革发展规划，与全社会、全民族形成共识，形成共同的社会理想。大学发展建设中必须要促进全体大学人形成统一的志向、一致的大学理想和目标。习近平总书记在考察北京师范大学时指出，全国广大教师要做有理想信念、有道德情操、有扎实知识、有仁爱之心的好老师，为发展具有中国特色、世界水平的现代教育，培养社会主义事业建设者和接班人作出更大贡献。一个国家的高等教育体系需要有一流大学群体的有力支撑，一流大学群体的水平和质量决定了高等教育体系的水平和质量。❶ 二是新时代中国大学的价值观。社会主义核心价值观是全社会、全民族共同的价值观，同时也是中国大学发展理念的核心内涵。习近平总书记指出，要以培养担当民族复兴大任的时代新人为着眼点，强化大学教育引导、实践养成、制度保障，发挥社会主义核心价值观对大学教育、大学精神文明创建的引领作用，把社会主义核心价值观融入大学发展各个方面，转化为大学人的情感认同和行为习惯。这是对中国大学完整深入学习社会主义核心价值观的重要论述，是中国特色社会主义大学的价值观引领，为中国大学价值观拟定了价值属性，标志了中国特色社会主义大学建设过程中的重要理念创新。三是新时代中国大学的政治理念。高等教育要坚持正确的政治方向，作为党领导下的高校，我们更要以"始终坚持党对教育事业的全面领导"为根本原则，努力办好具有中国特色社会主义、世界一流水平的现代化教育，这也是我们要长期追求的宏伟目标。我们要清楚现阶段教育改革发展的形势任务，确立高校发展的目标与原则，寻找较为先进的路径与手段，明确发展的战略

---

❶ 新华网.习近平在清华大学考察时强调 坚持中国特色世界一流大学建设目标方向 为服务国家富强民族复兴人民幸福贡献力量［EB/OL］.（2021-04-19）［2021-08-07］. http://www.xinhuanet.com/politics/leaders/2021-04/19/c_1127348921.htm.

策略，完善高校的体制机制，从而明确应该培养什么样的人，怎样去培养及为谁去培养的根本问题。在发展建设中国特色社会主义大学基础上，必须坚持以马克思主义理论为指导，全面贯彻党的教育方针政策。首先是传播马克思主义科学理论，其次是抓好马克思主义理论教育，最后是为学生的一生奠定政治理想。四是新时代中国大学的组织信念。新时代中国大学不仅要有鲜明的理想目标和办学理念，还必须要以强有力的规范、制度的支撑以及组织实施，保证大学发展目标得以实现；这就需要全体大学师生紧密结合起来，共同遵守统一的组织信念来实现大学发展目标。这与前面提到的坚持党的领导高度一致，要坚持"四个意识""四个自信""两个维护"，要努力把高校建设成为全社会理想之地，就要坚持不懈促进高校组织有序、和谐稳定，培养大学人理性平和的积极健康心态，加强对师生的人文关怀和心理疏导。

大学精神对于全体师生而言，在价值观念上是一种特殊的认知及深层次的心理激励，是价值判断、抉择认知、取向追求、行为规范的重要标尺，这些作用集中体现在它的凝聚、导向、激励、调适、辐射功能上。

新时代大学精神不但有着丰富充实的内涵，而且具有与大学发展建设内在统一的逻辑关系，形成"价值—目标—手段—规则"的机理，这是大学精神能够发挥指导意义的逻辑规律，是大学价值观内涵构建与有效实现目标的根本遵循。

三、历史的传承：中国特色社会主义大学精神的新时代价值

大学精神是一所大学及其文化最本质的标识和最深层的内核。新时代开展大学精神文化建设是解决高等教育发展深层问题，落实立德树人、推

进内涵式发展、巩固党对高校领导的重要路径。新时代大学精神能够充分发挥中国特色社会主义大学功能，这需要处理好立德树人与铸魂育人、软指标与硬约束、精神传承与时代内涵的关系。

中国特色社会主义大学有利于发挥高校立德树人的作用。高校立身之本在于立德树人，立德树人是我国高等教育的根本任务。新时代大学精神坚持德育为先、以人为本，通过正面教育来引导人、感化人、激励人，通过现代化、科学化的教育来塑造人、改变人、发展人，大学精神才可以发挥培养人才的真正作用。这是每一所大学所坚持传承的大学精神的真谛与意义。习近平总书记强调，要在加强品德修养上下功夫，教育引导学生培育和践行社会主义核心价值观，踏踏实实修好品德，成为有大爱大德大情怀的人。❶因此，高校肩负帮助大学生"扣好人生的第一粒扣子"的使命，高校要扎实理想信念教育，扎实中华优秀传统文化教育，扎实劳动实践教育，才能深入把握新时代中国特色社会主义教育发展规律和建设特色。办人民满意高等教育的根本要求是优先发展教育，同时保持贯彻以人民为中心的教育发展思想。教育的重大意义是为人生奠基，人们对教育的终极期待可以概括为以下五个方面：一是满足人的学习需求的教育才是人民满意的教育。我国教育改革发展仍面临扩大优质教育机会，开拓人民接受教育新途径等重要挑战。满足人的学习需求与人人都能上重点大学绝不等同，而是提供适合的教育机会给每个人。二是使每个青年人身心健康，遵纪守法，诚实守信，积极向上，这样的教育才是人民满意的教育。三是满足人的就业谋生需求的教育，能够唤醒人的职业意识，为人的就业谋生奠定坚实基础的教育才是人民满意的教育。四是满足人的终身发展需求的教育。

---

❶习近平在全国教育大会上强调 坚持中国特色社会主义教育发展道路 培养德智体美劳全面发展的社会主义建设者和接班人［N］.人民日报，2018-09-11（1）.

引发、培育、呵护人的终身学习兴趣和能力及为人的终身发展奠基都是教育的任务。五是满足人终身幸福生活需求的教育。教育要为人生幸福奠基。

中国特色社会主义大学有利于继承民族精神的学术传统。简言之，民族精神是一个民族在长期生活和发展中所表现出的富有活力的优秀思想、高尚品格和坚定志向。世间不存在完全去除民族化的大学，也就不存在与民族精神毫无关联的大学精神。因此，民族精神与大学精神在内涵上有较大程度的交叉，然而民族精神在更多的情况下是大学精神产生的基础，大学精神必须从民族精神中萃取出与大学发展相关的部分加以提炼、弘扬。中华民族精神中的学术传统即是一种大学精神，它所归宗的"厚德载物""自强不息"，正是近代中国大学，如清华大学精神的归宗。❶ "礼"与中国大学精神的原始萌发及定型、发展都有深切的关系。"礼"在中国大学精神中的痕迹或许较之在普通民族精神之中要深刻得多。由于"礼的根本精神是区别上下尊卑的等价关系"，使中国大学精神中的"礼"免不了受制于等级关系。❷ 虽然几乎不可能在民族精神与大学精神之间划清界限，但二者的差异仍显而易见。大学精神曾经以民族精神象牙塔的面目出现，但随着高等教育的大众化，这种局面正在发生变化。民族精神作为民族历史的凝聚，不仅是一个民族现实存在的必然性依据，更是一个民族现实发展的必然性依据，它渗透于人们日常生活的方方面面，并在深层次上规定了日常生活的方式，大学同样也会呈现民族特色，展现各有千秋的民族文化。民族精神由整个民族文化所凝聚，是民族传统的特征性和稳定性的主脉：一方面，中华民族文化的历

---

❶ 颜晓红，刘颖．以一流大学精神推进现代大学治理［J］．中国高等教育，2019（20）：25-27.
❷ 吴朝晖．新时代中国一流大学精神建构研究［J］．中国高教研究，2019（10）：14-19.

史传承发展，经久不衰，逐渐形成民族瑰宝；另一方面，各个时代所创造出的精华沉积到这个主脉中来，使它日趋丰富复杂，并在不同的时代有不同的表现。难以脱离民族性的大学精神也难以脱离民族传统的主脉，它往往要在民族精神已经凝聚的基础上加以凝聚。民族精神是多元结构的综合体，中华民族精神是在五千年曲折多变、风雨沧桑的历史长河中，涵纳并凝聚了诸多宝贵的精神遗产的产物。民族文化可分为物质文化层、制度文化层、精神文化层；物质层面作为民族精神的感受器，不会独自发生变化，而是把精神的内容转化出来，把物质的意义转化进去，从而形成物质、制度、精神三元交互作用机制；制度层次作为民族精神的调节器，物质文化层和精神文化层是制度文化层的双层依据，制度是在解决矛盾中形成的，是稳定的部分；精神层次是民族精神的中枢，具有传统惰性、自身系统性和排他性。如果一所大学没有完全失去本土情怀，它的精神自然会与民族精神的多元结构相啮合，或能在特定的时代成为民族精神的中枢，比如五四时期的北大精神。因此，一个时代的大学精神不应该是高高在上的虚幻存在，应该是扎扎实实推进中国高等教育稳步前进的精神动力。大学精神赋予每名大学生爱国奋进的情怀、砥砺前行的精神、为民谋福的热情，这是中国特色社会主义大学培养的大学人的基本品质。民族精神是自我意识和自我认同的内在依据，因而它成为一个民族生存和发展的精神支撑、动力和凝聚力。有人把中华民族精神归为"主静""主稳"，看重秩序与稳定，西方则是求动、思异的。显然这些特征都在一定程度上烙入中国大学精神，尤其是重德、包容、自强不息。[1]

---

[1] 孙成武.文化自信与新时代大学精神的培育和发展问题探析[J].东北师大学报（哲学社会科学版），2019（3）：119-124.

中国特色社会主义大学有利于成为时代精神的代言人。大学精神关键之处在于它是时代精神的象征，是时代的代言人。它小到个人、学校、所在的城市，大到一个国家，代表着民族文化精神或是精神境界，以及对未知领域探索与追求的理想。大学犹如镜子，代表着国家精神与国家意志，一流的大学应成为时代的心脏，大学精神应是铿锵有力的心脏，连通各个社会组织的经络脉搏，展示浩气磅礴发展气势。一流大学应有这样一种气概：人不敢言，我则言之；人不肯为，我则为之。鼓励大学生，号召广大青年为国家民族奋勇前行，这便是一个一流大学存在的意义。大学精神是大学自身生命力、凝聚力和创造力的重要来源，是大学存在和发展的根本价值所在，而大学精神的培育和发展必须以文化自信为前提。在新的时代背景下，文化自信对弘扬和培育大学精神、实现大学精神的发展创新具有重要的意义和价值。只有以高度的文化自信推进大学精神的培育和发展，才能形成引领高校发展和进步的新时代大学精神。《大学》奠定了我国先秦时期"大学之道"的核心和精髓。"大学之道"在不同的历史时期有着不同的内涵。随着工业文明时代的到来，在中西方两种文化矛盾冲突与融合中，"大学之道"不断被赋予新的时代内涵，推动了大学教育和人类文明的进步。然而，面对20世纪90年代以后日益出现的以"崇尚物质，忽视人文"为基本特征的文化生态危机及其导致的大学精神衰微现象，不少有识之士呼吁高等教育回归"人"的主体地位，并期待重新确立"以人为本，实现和谐"的新时代大学所追求的崇高信仰。为此，应在继承"大学之道"的核心和精髓的基础上，汲取全世界优秀文化成果，包括近代以来西方大学思想创新的具有现代价值的文化精神和优秀元素，从此创新以"人文、理性、求实、创新、和谐"为核心价值观的当代中国的

"大学之道",探索和建设当代中国大学生的精神家园。❶ 文化的意识源于哲学,文化自觉的最高境界是哲学自觉。文化高地、文化精英的聚集地来自大学,大学确立了科学的教育思想和办学理念,大学教育的根本在于大学生能够努力提高哲学自觉。

探讨大学教育理念、大学文化、大学精神应当从认识论哲学、政治论哲学、生命论哲学和文化论哲学这些角度来探寻。当代大学之路应倡导"和谐"的哲学观,努力使文化具有兼容性和创新性,探索出当代中国大学之路的真正内涵。在此基础上,尝试将当代中国的"大学之道"表述为:大学之路,在人民之路,在以人为本,在世界百年未有之大变局中走过,最终走向人类全面自由发展的理想之地。❷

第三节 新时代大学生奋斗精神的生成逻辑与培育现状

通观党的十九大报告,"奋斗"一词贯穿报告始终。习近平总书记在全国宣传思想工作会议上提出"育新人"的时代任务,时代新人要具有奋斗的精神与追梦的理想,因此,当代大学生的应然使命是成为新时代的奋斗者和追梦人。新时代蕴含着机遇与挑战,培育大学生优秀的人格品质与精神品格极为重要。中华民族要伟大复兴,党的事业要薪火相传,国家事业要后继有人,培养具有奋斗精神的时代新人是当务之需,这已

---

❶ 王冀生. 当代中国大学之道[J]. 大学教育科学,2020(2):39-45.
❷ 胡显章. 大学之道的哲学探讨[J]. 大学教育科学,2020(2):53-58.

成为时代课题。

一、新时代大学生奋斗精神的生成逻辑

"奋斗"即人们为了达到道德至善至美的境界而进行的勤奋劳作,奋斗精神是这种劳动的精神凝练,是一种重要的个人品格。认识奋斗精神与新时代大学生奋斗精神,就要了解新时代奋斗精神与中华优秀传统文化有何关系,是否与革命奋斗历程和社会主义文化建设历程有关联,奋斗精神是否蕴含着马克思主义的思想精髓,要从奋斗精神的历史、价值、特质进行充分解析。

（一）奋斗精神源起的历史向度

奋斗精神来源于中华优秀传统文化的精神基因、来源于中国共产党人的初心和使命、还来源于中国共产党人奋斗历程的经验启示。在新时代背景下这种奋斗观念是大学生奋斗精神的坚实理论基础。中华民族精神孕育了大学生奋斗精神的深厚文化基因,民族文化中彰显的爱国奋斗精神是奋斗精神的本原。一种勇于革命的精神来源于历史的发展与革新,近代中国革命精神描绘了新时代大学生的精神底色,传承革命精神是奋斗精神的延展。

（1）伴随着马克思主义发展历程而生的"精神"。马克思主义旨在为实现人类解放而不断革命和不懈奋斗提供科学理论指南,马克思、恩格斯的思想理论和革命实践中体现着奋斗思想,在《共产党宣言》中明确个人的奋斗目标应该和无产阶级的奋斗目标是一致的。1920年,中国马克思主义的最早传播者号召人们冲决历史之网罗,破坏陈腐学说的囹圄,为救中国寻找伟大思想指引,体现了当时知识分子的奋斗精神。马克思主义的人

民性、实践性和革命性决定着革命者不懈奋斗的理论品格。第一，马克思主义奋斗品格来源于马克思主义的人民性，这决定了马克思主义是以实现人的全面自由发展与自身解放作为核心价值追求的思想体系，自然具备了为人类解放而不懈奋斗的理论品格。第二，马克思主义奋斗品格来源于马克思主义的实践性，这决定了不懈奋斗是马克思主义的重要理论特质，实践性决定了马克思主义重在改造世界，在实践基础上实现马克思主义哲学革命，马克思主义实践本质决定了奋斗精神的知行合一。第三，马克思主义奋斗品格来源于马克思主义的革命性，中国共产党坚持把马克思主义和中国革命与建设的具体情况相结合，实现了马克思主义中国化，进而，不断把中国革命、建设和改革的事业推向前进。马克思主义奋斗品格铸就了中国共产党人坚韧不拔的奋斗意志与奋斗精神，从某种意义上说，中国共产党的艰苦卓绝、不屈不挠、奋勇拼搏的艰难历史，其实就是一部不断坚持马克思主义的与时俱进、开放包容、不懈奋斗的历史，同样，中国特色社会主义历史也是不断创新奋斗的历史。在马克思主义中国化的历程中逐渐形成了中国共产党人的奋斗精神。❶

（2）伴随着中华优秀传统文化传承发展而成的"精神"。中华民族为什么可以经历了一个世纪的屈辱岁月后重新站在世界民族之林，中华优秀传统文化为什么能有生生不息的动力，这是因为中华优秀传统文化具有顽强的生命力，中华民族是具有伟大奋斗精神的民族。奋斗精神是中华民族一代一代传承至今的民族精神，具有悠久的历史文化与深刻的精神价值，体现为精神引领与文化引领的共同价值，也体现了在中华民族精神发展中始终同脉相连的历史逻辑与新时代中国社会发展所需的时代逻辑。从根本表现上看，奋斗精神是爱国主义实践落实的内在保证。在实现路径上，新

---

❶ 董振华. 奋斗［M］. 北京：中共中央党校出版社，2018：9-10.

时代青年应弘扬新时代爱国奋斗精神,投身实践以建设中国特色社会主义,通过奋斗历程追寻价值以实现个人梦与国家梦。

(3)伴随着新时代青年历史责任而聚的"精神"。每一个时代的青年都有自己的一份责任,也面对着不同的机遇和机缘。当代青年更是与新时代共同进步的一代,实现中华民族伟大复兴的中国梦,是当代青年最大的挑战,也是新时代赋予青年的历史责任。目前,"培养什么样的人"是高等教育的首要问题,那么培养时代新人正是高校落实立德树人根本任务。具有奋斗精神无疑是当代大学生成为时代新人的前提和基础,奋斗精神是激励大学生积极奋进的精神,奋斗品格和奋斗品质是新时代大学生应具有的鲜明标识。因此,时代新人应树立扎根中国大地不懈奋斗,服务人民、奉献国家的信仰;时代新人应把人民对美好生活的向往作为自身的奋斗目标,传承接力奋斗精神,在"两个一百年"奋斗目标和中华民族伟大复兴的中国梦的时代坐标下设定自己的奋斗目标。❶

(二)奋斗精神教育的价值向度

作为中华民族的伟大精神,作为中国共产党在艰苦卓绝的革命与建设年代逐渐形成的伟大精神,奋斗精神在产生发展的进程中必然具有重要的教育价值,因此有必要阐释奋斗精神的价值意涵。

奋斗精神体现"为天地立心,为生民立命"的中国特色社会主义核心价值观。生命的意义在于奋斗,人生的意义在于积累。新时代大学生具有为国家奋斗、为人民服务的意识,将会创造"富强、民主、文明、

---

❶ 张颖,范军.大学生艰苦奋斗精神教育的历史考察和基本经验[J].思想政治教育研究,2016,32(2):78-82.

和谐"的伟大国家,创建"自由、平等、公正、法治"的稳定社会,成为"爱国、敬业、诚信、友善"的合格公民。因此,在21世纪的时代背景下,奋斗精神体现社会主义核心价值观。第一,奋斗精神教育促进大学生全面发展,契合时代需要,是培育时代新人的价值依归;第二,奋斗精神教育彰显中国特色社会主义制度优势,是为人民服务的现实表现;第三,奋斗精神映现青年气质,是大学生蓬勃奋进的青春标识。奋斗是艰辛的、长期的、曲折的、幸福的,新时代大学生要站在实现中华民族伟大复兴、党的事业薪火相传、后继有人的高度上深刻理解奋斗精神所体现的社会主义核心价值观,这充分体现了奋斗精神的价值引领,体现奋斗观的目标旨向。

奋斗精神体现"为往圣继绝学,为万世开太平"的人类命运共同体价值观。奋斗精神与人类命运共同体价值观存在内在契合性,奋斗者在人类进步发展中始终具有人类命运共同体思想理念与和平发展意识,因此,新时代青年大学生的奋斗精神充分体现了人类命运共同体价值观[1]。

深入推进新时代大学生奋斗精神教育,一是有利于人格素养教育。促进大学生全面发展,德智体美劳全面发展是培育时代新人的价值归旨,是培养社会主义建设者和接班人的内在深层要求,奋斗精神的培育对大学生正面奋斗观念的形成、正向奋斗价值的滋养、正义奋斗品质的锻炼和正确奋斗习惯的养成起着重要的作用,有利于促进大学生全面发展。二是有利于理想信念教育。促进大学生成长,为有理想有本领,有担当的时代新人,民族复兴国家富强的美好梦想,为大学生指明了前进的方向,但梦想成真的星星之火还要靠立足当下、放眼未来的战略安排。

---

[1] 公茂虹.论习近平新时代奋斗精神[J].前线,2018(7):4-10.

三是有利于爱国主义教育。培养大学生爱国主义情怀，奋斗目的是为报效祖国，奋斗的过程是与国家同呼吸共命运。大学生要练就过硬的本领，将自己锻炼锻造成担当民族复兴大任的时代新人。

（三）奋斗精神凝结的特质向度

传统奋斗精神主要包括求真勤奋精神、追善诚实精神、臻美创造精神。目前，提炼新时代大学生奋斗精神特质，重点在于阐明大学生奋斗精神的时代内涵和精神表征，分析大学生奋斗精神培育的主线和关键，丰富大学生奋斗精神教育实质与理论内涵。

一是进行伟大奋斗必须具有的根源特质即艰苦奋斗精神。居安思危、永不止步、励精图治、知难而进、勤俭节约、清正廉洁、积极探索、勇于创新即为奋斗精神的根源特质。事实充分证明，这些伟大奋斗的历程铸就了艰苦奋斗精神的形成。我们不论过去、现在和将来，都要坚持艰苦奋斗、勇往直前的精神。❶二是进行伟大奋斗必须具有的表面特质即团结奋斗精神。中国共产党忠实地继承和发扬了中华民族团结奋斗的宝贵精神财富。"只要全体中华儿女、全国各族人民更加紧密地团结起来，同心同德，艰苦奋斗，就没有任何艰难困苦能够动摇我们发展进步的决心和信心，没有任何力量能够撼动我们伟大祖国的地位，没有任何力量能够阻挡中国人民和中华民族前进的步伐。"❷三是进行伟大奋斗必须具有的个别特质即不懈奋斗精神。新时代奋斗精神诠释着不懈奋斗的刚健历程，这是新时代不懈奋斗的精神特质，奋斗者必有刚毅、坚强、果敢、不屈的精神特质。"从时代价值看，新时代

---

❶ 陈理.永葆中国共产党人的艰苦奋斗精神［J］.党建，2020（10）：21-23.
❷ 董玉节.新时代爱国奋斗精神的三大逻辑［J］.红旗文稿，2019（11）：32-33.

共产党人弘扬奋斗精神有助于锻造党的先进性和纯洁性，有助于凝聚人人团结奋斗的磅礴伟力，有助于涵养科学的奋斗幸福观。"❶四是进行伟大奋斗必须具有的共同特质即爱国奋斗精神。"高校思想政治教育工作着力培育青年一代的爱国奋斗精神，为建设中国特色社会主义和实现共产主义而不懈努力。"❷

奋斗者的政治品格、精神气质、文化基因是奋斗精神的理论基础与思想来源❸，青年大学生是新时代奋斗者的中流砥柱，习近平新时代中国特色社会主义思想是大学生奋斗精神培育思想指南针，因此，要充分认识新时代大学生的奋斗原点，在中国特色社会主义进入新时期背景下，探析新时代大学生奋斗精神培育的理论来源，激发大学生奋斗精神的诱因，挖掘新时代大学生成长的精神支撑和奋斗动力，把握新时代大学生奋斗的正确方向，深刻认识大学生奋斗精神在民族复兴、国家强盛、人民幸福征途中的独特地位与重要作用，坚持与新时代具体奋斗目标相结合，把新时代奋斗精神贯彻到高校育人细枝末节中去，为培养时代新人提供科学的思想指引以及实践遵循。

二、新时代大学生奋斗精神的培育现状

每个人都有一种对存在的归属，人本来就是这种呼应的关联，并且只是这种呼应的关联，人和存在互相转让，它们互相归属。理论与实践同样存在呼应、关联、归属。大学生和奋斗精神互相呼应、互相转让，

---

❶ 杨小扬，陈红.论新时代的爱国奋斗精神［J］思想政治教育研究，2019，35（5）：55-59.
❷ 王绍霞.新时代奋斗精神的基本逻辑与时代价值［J］.思想理论教育导刊，2019（6）：58-62.
❸ 田仁来，杨艳红.新时代大学生爱国奋斗精神培育探究［J］.学校党建与思想教育，2019（14）：71-73.

对这一精神的归属说明大学生理想信念的形成与树立和时代背景是不可分割的，同样也暴露出大学生失去这种归属能力的危机、需要找寻这种存在的危机之因。然而现实的教育实践在一定程度上存在重理论学习、轻实践锻炼，重脑力奋斗、轻体力奋斗的畸形现象，导致大学生的理论学习与现实实践相脱节。

（一）奋斗精神传承的现实困顿

奋斗观，广义上划分为积极奋斗观与消极奋斗观，狭义上划分为功利奋斗观与忘我奋斗观。因此，奋斗精神也可划分为积极奋斗精神和消极奋斗精神，这就可以从直观上判定奋斗者的奋斗目的，因奋斗目的不同可分为"真"奋斗与"伪"奋斗。目前，部分青年大学生群体在成长过程中存在"只想出彩，不想出力"的错误观念，以及出现"三天打鱼，两天晒网"的浮躁现象，对此分析大学生缺乏奋斗精神的原因尤为重要。

从消极奋斗动机来看，一方面，当前社会存在一些急功近利者，他们妄图通过拉关系、走捷径等方式获得快速成功，突破基本的道德底线，有的抱怨社会不公，偏激地将自己劳而无功归因于缺乏特权，而自甘平庸堕落。这些错误的思想和观念对价值观正在形成时期的大学生产生了十分消极的影响，必须拿起手中批判的武器与这种错误的观念坚决斗争，用正确的奋斗精神引领奋斗观念的生成。另一方面，应从当代大学生的内因与外因方面来分析当代大学生奋斗精神的缺失，从政治思想、学习、观念、择业等方面对当代大学生奋斗精神欠缺的表现进行全面审视，侧重于从精神领域发掘当代大学生对奋斗精神在思想上存在的误区，关注在心理感受上有畏惧、生活观念上有排斥的表现。

从积极奋斗动机来看，要抵制急功近利的奋斗精神，倡导常态化的奋斗精神；抵制惰性和不作为，保持奋发有为的精神风貌。当今时代是一个"爱拼才会赢"的时代，是一个属于真正奋斗者的时代，青年大学生如果不想在这个百舸争流、千帆竞发的时代原地踏步，就必须同自身的惰性思维做斗争，勇做新时代的弄潮儿。

从功利奋斗观念看，当代大学生在艰苦奋斗方面存在问题的原因包括家庭教育的负面影响、社会风气和媒体的误导、应试教育体制的弊端。从教育的能动性、完整性、成效性、针对性、现实性和实践性等方面认清当代大学生缺乏艰苦奋斗精神深层的原因，摒除功利心才有可能塑造出健康人格。

从忘我奋斗观念看，以美好的生活愿景为出发点，需要有自我超越精神，需要有彻底自我革命精神，需要有忘我精神。因此，应从大学生缺失奋斗精神的真正原因入手，通过对时代之因、历史之因、心理之因、社会之因、文化之因进行详细剖析，反思大学生奋斗精神的"实然"危机。

（二）奋斗精神缺乏的"实然"危机

（1）从价值取向角度分析大学生奋斗精神的价值危机。事实上，从应对外部挑战侵蚀青年大学生的现实问题上来看，有些大学生价值取向偏离正轨，出现责任感的缺失、"伪奋斗""实功虚做"与退缩懈怠的现象，部分大学生奋斗精神弱化甚至缺失，反映出学校、家庭、社会的诸多问题。❶

（2）从目标牵引角度辨识大学生奋斗精神的意识危机。以美好生活愿景激发大学生对奋斗的热爱，是一种目标牵引。人生而为人，在于人可以

---

❶ 侯玉环.论新时代青年学生奋斗精神培育研究［J］.思想理论教育导刊，2019（6）：53–57.

发挥主观能动性来绘制自我发展的蓝图，并通过艰苦奋斗去满足自身的需求，实现自己的理想。但是理想不是空想，幸福不是坐享其成，要实现个人的价值，大学生应该具有奋斗意识。

（3）从认知纠偏角度辨识大学生奋斗精神的认知危机。进入21世纪，大学生是否有强烈的奋斗精神关乎我国青年人才的质量，关乎社会主义建设者的水平，关乎我国21世纪中叶是否实现中国梦与百年计划。积极奋斗观念犹如营养鸡汤，可激励奋斗者勇于创新，敢于挑战。消极奋斗观念堪比毒鸡汤，可摧毁人的底线原则，放弃成长。

（4）从环境支撑角度辨识大学生奋斗精神的环境危机。奋斗精神需要我们给青年大学生营造一个良好的环境，通过正面引导，耳濡目染，将奋斗精神内化于心，外化于行。线上线下的网络环境、虚拟世界改变人际交往的模式，成为新时代大学生重要的社交手段，网络教学、网络学习、网络交友、网络求职、网络娱乐等，种种网络环境的迭代更新，使新时代大学生承受巨大挑战；难辨真伪的网络舆情、网络暴力等负面影响，在改变着这一代青年人的认知，因此营造良好的网络环境，才能有利于培育健康奋斗的观念。社会环境与网络环境带来巨大挑战，深刻影响大学生的精神世界。

（5）从实践检验角度辨识大学生奋斗精神的实践危机。要深挖新时代大学生奋斗精神培育的现实问题与社会问题；反思培育时代新人的现实问题即社会导向的偏差、家庭教育的反差、学校教育的误差、个体素养的落差。要以丰富的实践活动助推大学生奋斗行为习惯的养成。新时代大学生奋斗精神培育不是一句空洞的理论口号，不能纸上谈兵，不止于思想环节，而是要落实到具体的实践工作中，然而在现实中有些大学生离开父母生活便难以自理，有鉴于此，高校可以开展丰富生活实践来落实五育并举的育人理念，以促进大学生奋斗精神、奋斗品格的养成。

（三）新时代大学生奋斗精神培育的应然路径

可从社会主义核心价值观、习近平新时代中国特色社会主义思想的角度对新时代大学生奋斗精神的理论影响进行剖析。大学生奋斗精神的培育，不仅有深刻的价值意蕴和丰富的思想内容，还有科学的方法论要求，要创新指导大学生奋斗精神培育实践，强化理论与实践融合育人。虽然我国经济发展速度已居世界前列，但大学生的"高认知、低践行"的表现也屡见不鲜，重塑奋斗精神是大学生培育的应然使命。❶

（1）新时代大学生奋斗精神培育的传统维度。一是艰苦奋斗的精神维度，艰苦奋斗的精神是中国共产党在长期革命和建设中形成的优良传统，中国共产党的发展史就是一部艰苦奋斗的实践史，培育大学生艰苦奋斗的精神是一个与实践密切相关、紧迫的理论问题。二是爱国奋斗的精神维度，培育大学生践行爱国奋斗精神是高校青年知识分子"建功立业新时代"的时代使命。三是不懈奋斗的精神维度，培育大学生不懈奋斗的精神，要注重奋斗缘由、奋斗主体、奋斗特征及奋斗方式等。青年培养始终是国之大计，培育大学生奋斗精神应在大学生思想政治教育工作中进行，解决长期以来大学生人格塑造的短板问题，改变高校"三全"育人中理论与实践脱节的现状，实现奋斗精神育人理论与实践范式的创新。❷

（2）新时代大学生奋斗精神培育的合力维度。践行奋斗精神需要探索大学生培育的合力机制，充分发挥好高校"两课"教学理论平台、校园文

---

❶ 李伟弟. 培育新时代青年奋斗精神的三重维度［J］. 人民论坛，2019（32）：110-111.
❷ 刘超. 新时代奋斗精神的价值意蕴［J］. 人民论坛，2019（17）：114-115.

化活动实践平台、网络舆论阵地宣传平台及诸多社会资源，通过多平台、多维度、多场域协同培育大学生奋斗精神，形成顺应时代发展、利于高校育人工作的合力机制。深化培育研究，厘清大学生奋斗精神培育的各要素之间的本质联系，要准确定义大学生奋斗精神内涵与特质，通过追溯中国共产党艰苦奋斗历史，理解中国共产党的奋斗精神，挖掘奋斗精神的铸魂价值，诠释当代爱国奋斗精神，探讨奋斗精神的内涵与意蕴，为高校立德树人、笃志润德的中心任务丰富文化精神底蕴。

第四章

全员合力育人理论与实践

第一节　大学生思想政治教育合力机制研究综述

中共中央、国务院在《关于进一步加强和改进大学生思想政治教育的意见》中把大学生思想政治教育提到了党和国家大政方针的高度，放到了全社会的大背景下和高校整体工作的大局中来认识、来要求、来部署。概括起来，这种指导思想就是实行全员育人、全程育人、全方位育人、全面素质育人，努力构建合力机制，追求综合效应。[1]

一、大学生思想政治教育合力机制的研究背景

部分"00后"大学生出现思想动机不良、政治立场薄弱、信仰缺失、

---

[1] 仉建涛.实施"四全"育人工程 构建合力育人机制[J].河南教育，2005（12）：120-121.

择业困难等一系列具有"00后"特征的问题与现象。这些"00后"大学生深受网络等各类媒体的影响，导致在面对一些社会负面影响时，形成认知错误，出现部分大学生世界观、人生观的缺失，心理压力增大，理想信念动摇等现象。大学生思想政治教育工作正面临着社会不良现象的挑战、亲子关系紧张的挑战、高校转型发展的挑战。理论上，大学生思想政治教育工作必须要在学校、家庭、社会三者之间互相协调合作才能获得最佳成效，而在其中起到主导作用的是高校，起到协调作用的是家庭和社会，主要原因是大学四年90%的时间都是在学校中度过。所以，高校育人力量各部门在推进思想教育工作过程中形成的合力所具备的条例性、规定性、监督性、可行性就尤为重要，这可极大地提高大学生思想政治教育的质量和效果。党的十八大以来，国家高度重视社会主义核心价值观在大学生思想政治教育中的教育意义，想要在当代大学生中建立正确的社会主义核心价值观，就必须建立起顺畅、系统、严密的合力机制，使合力机制既有利于高校转型发展，又有助于解决大学生思想教育问题，使大学生思想政治教育工作得到良性发展，有益发展。另外，在高校尝试建立合力机制的规章制度，使大学生思想教育的管理具备对大学生行为要求的条例化、规定化、制度化的机制。当学校教育的权威性受到不良社会之风的影响，学校在教育学生的过程中受到一定的阻力时，依法固化下来的合力机制就可以在大学生思想政治教育育人队伍当中发挥重要作用。

二、大学生思想政治教育合力机制的研究意义

在大学生思想政治教育育人过程中建立科学合理的合力机制，发挥合力机制价值功能，将会改变和优化高校的管理环境、服务环境、育人环境，可以有效整合各方资源，并可以更好地形成合力机制全面推进的新局面。

"00后"大学生已经成为我国高校在校学生的主体,高等教育有显性特征,涉及的内容与对象都非常广泛。应不断整理合并各项资源,将发展教育观念与和谐的教育理念放在第一位,协调发展,并融合教育学生、管理学生、服务学生的多项资源,在当代大学生的思想政治教育制度基础上再建立起统一和谐的相应制度,与此同时,统一协调学校的内部硬件与软件,以便于加速建立健全完善高校思想政治教育工作。

思想政治教育必须在一定的环境中,在一定的条件和范围内进行,而高等院校为大学生思想政治教育提供了极大的支持平台。在高校内部,思想政治教育运行的环境既有学校大环境,又有班级小环境,各自在不同时间、不同层面存在积极影响和消极影响,因此,大学生思想政治教育合力机制要想进行良好运行,必须先优化环境。积极的大学生思想教育环境,对教育效果的影响更加显著。与之相对应,应构建一个管理育人、服务育人的系统相互协作、共同发展的教育合力机制,以有效促进当代大学生的身心健康全面发展。现代社会中,培养德才兼备的大学生,培养合格优秀的社会主义事业建设者和接班人是高等学校最根本的责任与义务,大学生代表有力的青年群体力量,未来社会的兴衰与大学生群体息息相关,所以说当代大学生的思想政治水平间接决定着中华民族的发展,其在中国特色社会主义事业建设中发挥的重要作用不言而喻。

三、大学生思想政治教育合力机制的研究基础

(一)大学生思想政治教育合力机制的理论起源

所谓当代大学生思想政治教育合力,就是在固定的条件下,把对于教育大学生思想政治教育的各项重要资源有机统一起来,将理论落实到行

动当中。这是一种力量，一种各个分力共同作用的合力。它需要统一的建设，需要一种增强当代大学生德育水平和道德修养、提升学生的道德理念与观念的综合作用效果。思想政治教育的系统工作，将能够教育大学生思想的政治理论与行为等较为重要的因素有效地结合起来，组成一个当代大学生思想政治教育的系统工作程序。

1976年，著名的教育学家劳伦斯·克雷明在《公共教育》一书中提出了"教育生态学"这一概念。从生物学的角度来看，生态是指生活在相关的自然环境中，也指动物的生理特点与习性。每个个体都有一个或几个自己的生物链，离开这个生物链，个体就无法生存。教育生态学就是用生物学的角度与视野去看待思想政治教育，它最大的特点就是能够根据生物的发展规律与社会发展规律进行分析，使道德教育等各个因素之间和谐互动，培育学生健康的人格品质。在思想政治教育过程中，一个在形式上的思维改变就是以生态论观点进行思想政治教育，其核心是建设一个能够长期可循环发展的科学化的完整教育生态体系。

高校育人体系中各个结构体系的分力彼此相互影响，相互作用，构造成新的合力机构，必须重视所建设的思想政治教育环境。学校的德育是构成整个生态系统的一个组成部分，要加强家庭、社区、周边人群的彼此交流与沟通，保持与社会生活同步前进，使教育主体感受精彩生活，使枯燥的说教转变成生活化的教育文化，维持学校道德教育生态系统的协调统一，进行各部分之间和谐与平衡的动态追踪。邱柏生教授将思想政治教育环境分为生态环境、政治生态环境、文化生态环境和心理生态环境。所以，在分类的过程中，从政治文化的视野来分析，就可以把思想政治教育环境分为主流意识形态的生态环境和亚文化的生态环境。主流意识形态的生态环境包括思想主阵地的教学课堂、文化活动的第二课堂、社会实践的实践课堂、网络媒体生活的网络课堂。亚文化的生态环境包括朋辈室友环境、虚拟网络的精神环境、社会非主流群体环境、社团环境等。无论是主流环境还是亚文化环境，都是高校育人工作中不可忽视的重要因素。

"生产力表现为一种完全不依赖于各个人并与他们分离的东西，表现为与各个人同时存在的特殊世界，其原因是，各个人——他们的力量就是生产力——是分散的和彼此对立的，而另一方面，这些力量只有在这些个人的交往和相互联系中才是真正的力量。因此，一方面是生产力的总和，生产力好像具有一种物的形式，并且对个人本身来说它们已经不再是个人的力量，而是私有制的力量。"❶ 这是马克思在物质生产及其发展规律论述的过程中所谈及的规律与现象。在这里，可以这样理解，集体的力量是生产的合力，指出合力是一个新的力的本质，由此产生的效益来自合作，或者说合资生产也不仅仅是个人利益的总和。从马克思和恩格斯的论述中可以发现，历史是这样创造的：最终的结果总是从许多单个的意志的相互冲突中产生出来的，而其中每一个意志，又是由于许多特殊的生活条件，才成为它所成为的那样。这样就有无数互相交错的力量，有无数个力的平行四边形，由此就产生出一个合力，即历史结果，而这个结果又可以看作一个作为整体的、不自觉地和不自主地起着作用的力量的产物。到目前为止的历史总是像一种自然过程一样地进行，而且实质上也是服从于同一运动规律的。但是，个人的意志也受周遭环境影响。实际上，每个人的意志都会受到不同外力的影响，有家庭环境的外力，学校环境的外力，社会环境的外力，这些是一个人受到积极影响和消极影响的重要外部作用力，但是他最终的去向总是在这一系列外力的平衡基础上做出选择。"个人怎样表现自己的生命，他们自己就是怎样的。因此，他们是什么样的，这同他们

---

❶ 中共中央编译局. 马克思恩格斯选集：第一卷［M］. 北京：人民出版社，2012：208.

的生产是一致的——既和他们生产什么一致,又和他们怎么生产一致。"❶

马克思与恩格斯"合力"思想所包含的整体思维,揭示了社会有机体各方力量合作的意义,阐释了历史合力论的各种关系、各种因素和各种力量之间的关系。我们把合力思想运用到思想政治教育合力机制中,用科学的方法论解决实际问题,解决思想政治工作中不彻底、不协调、不充分的现实问题。

(二)大学生思想政治教育合力机制的相关理论借鉴

当代大学生的思想政治教育合力机制的研究,要充分吸收科学理论精髓,马克思列宁主义、毛泽东思想、邓小平理论、"三个代表"重要思想、科学发展观、习近平新时代中国特色社会主义思想对新时代中国大学生精神文化培育具有重要指导作用。马克思主义是由卡尔·马克思和弗里德里希·恩格斯创立的学说,它包括科学世界观、社会历史发展学说,毛泽东思想、邓小平理论、"三个代表"重要思想、科学发展观、习近平新时代中国特色社会主义思想是中国特色社会主义科学理论,是指导中国特色社会主义道路的核心要义,是中国化的马克思主义,是所有中国共产党人集体智慧的结晶。这些理论是我国社会主义发展道路的基石,大学生是我国社会发展的重要组成群体,现代大学生的价值观比以前大学生的价值观更为丰富,这种多元化的价值观包括一些社会上的非主导价值观和一些流行的亚文化。当代部分大学生在思想上还表现出多样化、阶段性、差异性,在青年大学生思想中仍存在不成熟、不稳定、不系统的认识,他们对多元价值观还存在辨别不清的问题,行为出现多样化。所以,青年大学生在追求人生观与价值观的时候仍然会表现出多样化。中共中央、国务院在《关于进一步加强和改进大学生

---

❶ 中共中央编译局.马克思恩格斯选集:第一卷[M].北京:人民出版社,2012:147.

思想政治教育的意见》中指出，要建立健全党委统一领导、党政群齐抓共管、有关部门各负其责，全社会大力支持的领导体制和工作机制，形成全党全社会共同关心支持大学生思想政治教育的强大合力。

四、大学生思想政治教育合力机制的研究现状

（一）国内研究现状

大学生的思想政治教育工作一直是我国高校工作的重要组成部分，在经济、文化多样化变革、社会急剧变化的当下，这项工作所面临的困难与挑战是巨大的。为了迎接挑战，战胜困难，我们必须从长计议，认真总结这些年来对于大学生思想政治教育所积累的经验教训，同时在思想政治教育建设适应新形势的基础上，研究21世纪新任务的动力机制。

由雷儒金撰写的《高校思想政治理论课教学方法改革研究》❶一文，在高校思想政治教育理论课的教学方法的研究中提出了改革教学工作的模式，为理论课建设提出改革与创新的新思路。该文就理论课育人功能做了建设性的阐述，提供了大学生思想政治教育合力机制主体研究的资料。李小红的《新世纪高校学生思想政治教育管理研究》❷一文，对高校学生思想政治教育管理作用进行了阐述，文中尤其对加强和改进大学生思想政治教育的方法进行了分析。由朱宏伟撰写的《增强大学生思想政治教育实效性的理性研究》❸则以教育实效性的理性研究为理论基础，提出整体构建大学生思想政治教育的育人体系。

---

❶ 雷儒金.高校思想政治理论课教学方法改革研究［D］.武汉：武汉大学，2012：20-29.
❷ 李小红.新世纪高校学生思想政治教育管理研究［D］.重庆：西南师范大学，2002：20-21.
❸ 朱宏伟.增强大学生思想政治教育实效性的理性研究［D］.长春：东北师范大学，2004：22-23.

当前，大学生思想政治教育合力机制运行中还存在问题，因此，在特定的条件下整合各方大学生思想教育的资源，构建一个可以教育当代大学生的有机系统对于提高大学生的思想道德水平至关重要。

在国内，目前的研究不同程度地涉及社会教育作用、家庭教育作用，高校内部思想政治教育的环境、队伍建设、运作机制以及几方面的协调运作等，从不同维度发现了高校思想政治教育合力机制形成过程中存在的问题，提出了构建高效思想政治教育合力机制的新途径。但当前的研究成果还存在一些问题与不足，主要表现如下：

（1）研究多是经验性描述。已发表的论文大多是对约定俗成、人所共知的问题的罗列，并由之进入对策探讨。至于这些问题之间的逻辑关系，这些问题在研究中的逻辑定位等往往不得而知，因此导致了研究的重复性探讨、经验化描述等现象。

（2）研究在总体上还不够全面、深入。对许多问题的研究都仅限于表面，没有充分挖掘其价值，许多研究仅限于从某一角度去研究，忽视其他方面研究，缺乏整体性。

（3）这些研究与我们当前的社会生活方式、社会组织形式、就业岗位和就业方式多样化的发展等新的社会条件的结合尚不紧密。

上述存在的问题与不足，说明高校思想政治教育合力机制的研究还有许多方面有待完善，一部分原因是当代的大学生价值观多表现为对实用化的取向。大学生的人生观与价值观都已初步形成，这个时期是学生关键时期，面临着毕业找工作并进入社会大环境下进行工作学习，这个时期的价值观的取向更趋向于实用性，有可能有享乐主义、拜金主义等苗头萌发出来。如何加强对各种资源的整合利用，形成整体思想政治教育合力仍然是学术界今后的重要任务。

（二）国外研究现状

自20世纪50年代中期起，国外学者开启了对于政治社会化问题的研究。现代西方学者伯恩施坦、卢卡奇、阿尔都塞对合力论存在误读，他们不仅误解合力论的终极目的和自然属性，而且在一系列的误读中产生共性问题。实际上，这些学者的误读，并没有损耗合力论在一定范围的传播与适用。越来越多的研究表明，政治问题、社会化问题都需要合力思想来解决，要考虑全面因素。从20世纪末期开始，意大利、美国、英国等一些国家的学者早就提出了一些相关的理论研究，在教育问题上将政治和历史相联系，从此开始走向国际化道路。

例如：在美国谈论政治教育是非常敏感的，在1982—1987年，对于这方面的研究成果也是非常稀缺的，人们不敢光明正大地进行学术研究，只能私下进行简单的论述。通过统计发现，人们对于政治学的研究开始朝向利益方向偏转。在研究的方式方法上，也开始注重于技术上的研究。在美国研究的初期阶段，美国政府对于合力教育的研究还不够深入，后来人们开始将青少年时期的政治态度和行为的不确定性、不稳定性纳入研究视野中，认为这些几乎不会影响成年时期的人们的政治态度与行为。然而，在这个特殊时期的研究显示，成年人不能很好地处理民事权利与义务的关系，不能很好地对待个人同国际的关系，不能很好地处理公民对社会的责任与义务，这些问题也暴露出美国对政治教育中合力教育的缺失。

总之，国内对大学生思想政治教育合力机制研究较多，视角多样，对高校推进大学生思想政治教育也进行了较多的探索，并取得了优秀的研究成果。国外对大学生思想政治教育合力机制研究中还未有太多可借鉴理论，主要还是政治教育的内容较多。

五、大学生思想政治教育合力机制的研究方法

1. 文献法

文献法是一种具有科学性的古老而充满生机的研究方法，是一种主要通过搜集、整理文献、研究文献、鉴别文献后形成系统科学的研究方法。对现状的研究，并不都是通过观察和调查，还需要做各种各样的文献分析以了解相关情况。社会活动的发展与留存都要依靠前人留下的古籍图书。考虑到人类在活动过程中对认识的无限性和个体生命对认识的有限性是有冲突的，就造成了在研究过去的事实时必须通过文献才能从中找到切入点。几千年来，大量的教育文献是研究相关教育科学的一个巨大宝藏，其中积聚了丰富多彩的教育事实和大量前人的智慧结晶。作为一名教育工作者，使用先进的科学文献是为了更好地进行教育教学研究，揭示教育的发展规律，不断挖掘人类的精神财富，将我国的教育事业不断发展壮大。

2. 系统分析法

利用系统分析法，有利于全面彻底阐释研究主体。"系统"是一个词，源于古希腊。系统是有一定结构的，系统内部组成相互之间存在稳定关系。要素是构成系统的基本单位，离开要素，就无所谓系统，系统的功能是各个要素单独存在时所不具备的，系统的性质是由要素所决定的。系统内部存在一定的结构与秩序，要素与要素之间、要素与整体之间、整体与环境之间、环境与系统之间都有一定的规则与联系。根据系统理论，整体、联系、层次、动态平衡等都是系统的独特特点。如果将当代大学生的思想政治教育比作一个复杂的系统，进行观察与研究，就会发现，系统里的某些要素割裂、脱节、低效。为了解决问题，找到相应的策略，需要进行合力机制要素分析，系统分析推举出最优化的整体方案。

第二节 大学生思想政治教育合力机制的内涵

一、大学生思想政治教育合力机制的定义

（一）"机制"的定义

"机制"一词最早产生于欧洲，是指机器启动后，组成它的构件之间相互作用的一种形式。机制原本是指关于机器结构和机器运转的机理，现在其可以用于自然科学、人文科学和社会科学等领域，而在生物学和医学中，经常通过对其进行类比，借用"机制"来阐明关于生物功能的术语，从而代表对其的认识。总体而言，"机制"是指从现象的描述递进、上升、汇聚到本质的说明，进一步说，即指一个工作系统的各部组织，它们彼此作用成为一个有机整体，以及它们相互制约的具体过程和方式。

由此可见，机制是一个动态的系统。具体到社会科学中，机制即成为一种特定机构的机能，一般机制的建立，要靠体制和制度来完成，并且，这个机构或组织与机能之间的关系，必然是相互作用，这种相互作用形成组织运作原理和方式，此为组织的内在机理。❶在高校，体制承担思想政治教育的组织职能，使教育主体、教育客体、教育手段、教育目标、教育

---

❶ 程勉中. 现代大学管理机制［M］. 北京：人民出版社，2006：64-65.

环境在思想政治教育合力机制中发挥作用。

构建机制是一项系统而宏大的工程，既不能简单地进行制度累加，又要不断改进和完善，构建机制是管理教育科学化水平的体现。制度健全而合理，执行者个人素质有保障，机制才能发挥作用。制度与机制相互交融，避免割裂，在机制下对落实制度加以保障，在制度内对机制运行加以规范。也就是说，在实践中若要形成相应的机制和制度，需要持续改进，持续关注系统变化，要与实际紧密结合，在机制运行中改进制度，并在实践中不断完善。在转换机制的内容中，需要利用好制度的激励作用，从积极的方面利用机制对各种制度进行制动。❶制度与机制必须互相协调、相互作用，在不同层次、不同侧面、不同角度的范畴中加以整合，使其发挥协同作用，这样才能在主体因素、人为因素、执行因素中完成好机制和制度的建设。

（二）大学生思想政治教育合力机制的定义

合力机制指思想政治教育系统内各子系统之间、各构成要素之间以及与外部环境之间的相互作用。在教育系统中，各子系统之间、各构成要素之间以及与外部环境之间的作用和联系，不仅包含与之相配合的整体教育方式，还包括思想政治教育目标，教育的组织结构，教学与科研活动，教育实施者以及家庭、社会环境等要素在运行中的内在联系，以上均以提高学生素质为中心。在理想的状态下，由于合力机制是个由各因素相互联系、相互制约和相互作用的系统，所以其建立起来的工作方式具有缓冲功能，当教育的合力机制的外部条件发生未知变化时，其能迅速地自动调整策略，实现目标优化。

大学生思想政治教育合力机制是指在大学生思想政治教育系统中，使

---

❶ 程勉中.现代大学管理机制［M］.北京：人民出版社，2006：64-65.

各个要素相互作用与协调努力,朝向一致,有效实现思想政治教育目标的工作方式。

长久以来,大学生思想政治教育的合力机制面临着许多问题,首先要解决的问题是合力机制运行过程中存在的问题,即在合力机制未建立时或建立未完善阶段所产生的一系列问题,包括合力效率不高,机制中组织系统管理因素即人的因素在思想政治教育合力机制中是否能发挥综合的作用,是否在特定的时间与特定的条件下所有管理因素产生同向力。合力机制每个要素在机制运行中都发挥着作用,但每个要素的综合功能和作用是不平等的,其效果比单一的教育机制大得多。我们力争设计出更合理的思想政治教育的运行模式,重点把握合力机制的科学构建,由此增强思想政治教育效果,完善思想政治教育方法和措施,使其更具有针对性与实用性。众所周知,思想政治教育系统是有机社会系统中的重要组成部分,它无法构建为独立的自适应系统,不能摆脱施教者干预。机制在所有系统中都需要起到基础性和决定性的作用。良好的机制可以达到这样的理想状态:使一个组织系统无限地接近并达到自适应,无论在外部条件发生何种变化的情况下,都能够迅速而全面地做出相应的正确反馈,优化目标,调整原定策略。

大学生思想政治教育的合力系统如何发挥作用,这需要每所高校在具体治校过程中不断探索与实践,逐渐总结提炼,使合力机制发挥实效。首先,合力主体需要凝心聚力,要对合力机制对象不断分析研判,在合力机制的循环育人过程中,总结经验教训,特别是遇到重大事件时,如何发挥合力,更是我们每一个合力育人战线的工作者应深刻思考与反思的。合力更是合心,高校每一名教师、每一名管理者、服务人员都在合力育人中发挥岗位作用,达到教书合力、管理合力、服务合力等。其次,合力育人模式还需要经常检验,不断升级,合力育人模式包括人员组成科学化、工作方式网络便捷化、宣传教育平台时尚化等,合力育人模式要跟进新媒体、新变化，不能和大学生思想精神文化脱节，要起到引领作用。最后，合力系统是人员组合体，要对每一个组织成员经常进行思想锤炼，形成统一思想，共同进步。

一个国家最宝贵的人才资源来源于大学生，大学生是一个国家未来发展的重要支柱。在开放的时代，我们不仅感受到经济社会的快速发展，而且正在经历多种社会思潮的思想政治影响，促进大学生的健康成长不仅是为了国家的长治久安，也关系着国家的前途和命运。应增强大学生的社会责任感与民族自豪感，培育大学生知、行统一的理念，将理论知识落实到实际行动当中去，明确大学生自身的目标，以便实现大学生思想政治教育的目标。所以高校要构建教书育人、管理育人、帮扶育人、服务育人相结合的全员教育合力机制。

高校中大学生思想教育的合力构成，包括规章制度管理平台、情感教育平台、教学保障平台和辅导员、班主任、学业导师、专业课教师、学生党支部书记、学管干事、后勤管理人员、招生办、团委、武装部、心理咨询中心、就业指导中心及他们所提供的环境资源平台。学生思想政治教育达到预期目标之前，整体的合力是主要动力，所以，研究大学生思想政治教育整体合力非常有必要。为了实现大学生思想政治教育合力的最优化，就要了解合力形成的规则，明确各分力的状况，努力完成整体合力研究的目标。分解整体合力后，要充分地明确构成整体合力的各个分力的性质，整体合力是在子分力、分力、合力机制共同作用的基础上形成的。要增加分力的种类，提高分力的强度，调整分力方向的统一，在实现整体合力的基础上创新分力形式。整体合力的内容也由此而增加新的要素，通过完善要素，改进整体合力的机制，创新合力机制的方式方法，使整体合力机制的形成更为高效科学；通过营造整体合力机制的环境，丰富整体合力机制的内容，扩大整体合力机制的教育范围，进而增强整体合力机制的功能效果。当代大学生思想政治教学的教育合力对大学生思想政治教育工作的改进和发展有着积极的意义。

二、大学生思想政治教育合力机制的特点

（一）大学生思想政治教育合力机制的动态性

大学生思想政治教育的各个合力影响因素，是有其不确定性的，大致表现在成长的自发动力、家庭教育的潜移默化、高校教育的主要动力、社会思想观念的影响力四个方面，这四个方面都是潜在的不确定因素，又可称其为动态性因素。对于事物的发生与发展而言，往往是外因通过内因所起的作用。首先，大学生成长的自发动力有其不确定性，内在的自我反思需求具有鞭策大学生外在行为的作用，是大学生思想政治教育合力机制取得成效的必经途径。著名心理学家马斯洛曾经说过，"从人的本质上可以看出，人类一直寻求一个完整的自我，一个更完美的自我实现的追求"[1]。大学生不仅要有接受教育的能力，也要有接受思想教育的愿望。其次，家庭教育就是家长对其子女的教育，家庭教育的最大特征是父母的言传身教，子女的成长离不开血缘传承，情感联系和经济保护，父母的生活态度和思想教育会潜移默化地影响孩子的人生观和世界观。一个和谐的家庭，父母或家庭其他成员的世界观、人生观和价值观都会对受教育子女产生潜移默化的影响。再次，培育优秀大学生是高校教育的主要动力之源，高等教育是对大学生进行有目标、有组织、正规的教育，并系统按照党和国家的教育方针和政策计划管理培育大学生，这使高等教育的定位更加明确，方法更科学、更系统。最后，社会是大学生未来的一个大课堂，大学生在

---

[1] 刘丽君.高校内部思想政治教育合力机制构建[J].科协论坛，200（10）：150-151.

日常生活中经常使用网络及其他新媒体，参与社会实践，而社会思潮是多元化的，舆论是相对开放的，这些媒介对大学生的影响不可低估。教育方式主要有社会舆论方式、社会交往方式和社会活动方式。社会教育、家庭教育和学校教育共同影响学生个人的身心发展，总之，合力机制的构建必须要考虑其动态性，要围绕影响因素建立合力机制。

（二）大学生思想政治教育合力机制的强制性

合力机制还存在一定的强制性，随着日趋激烈的竞争，面对新的复杂多变的形势，大学生的学习、就业压力一直处于高压区，特别容易造成各种各样的心理问题，只有充分发挥教育合力机制的功能，才能解决这一问题，减少和避免学生在学习和生活中各类问题的产生。而要充分发挥教育合力机制的功能，必要时刻必须采用有效合力手段。当代大学生思想政治教育合力机制建设越来越受到重视，应通过一系列措施促使思想政治教育活动部门发挥功能，在育人环节注重时时刻刻关注，随时随地了解，在思想教育工作中不遗漏任何教育死角，通过合力育人发挥合力机制作用。在整个实践过程中，应整合大学各个方面的资源，充分发挥作用，密切配合，在管理育人、组织育人、服务育人上找准契合点，在网络育人、环境育人、实践育人上找准结合点，在教书育人、思政育人、心理育人上找准落脚点，形成大学期间不间断、全方位、全程育人模式。经历日新月异的社会革新，在网络时代长大的学生，心理素质不够强大，身心发展问题凸显，要构筑大学生心理防线以及精神坐标，是高校的时代责任。"00后"大学生在心理上还不够成熟，他们多数为独生子女，独立生活能力比较差，独立处理各种社会关系的能力还有待提高。他们的思想意识与思想观念比较开放，个性独立，喜欢我行我素，在多变的复杂社会环境中成长，喜欢按照个人的想法去评判事物。要充分挖掘思想政治教育的独特功能，整合这些资源，共同作用，保证思想政治教育目标的实现，促进大学生思想政治素质、道德素质、心理素质、法律素质的提高。现状呼唤我们要建设并完善大学生的思想政治教育合力机制，则必须使大学生的思想政治教育合力机制发挥强制性，以全面贯彻落实思想政治教育工作的任务。

三、大学生思想政治教育合力机制的意义

（一）大学生思想政治教育合力机制的理论意义

高校是教育合力机制构建的核心，应以家庭、社会这两个方面去实现学生思想教育的协调与优化，最大效益地发挥叠加效应，达到教育效果最大化的目的，以取得最佳的教育收益。

第一，建设当代大学生思想政治教育合力机制需要社会与学校的共同努力。大学生是社会成员中重要的一分子，社会上各种各样的思潮、风气都影响着学生的思想理念、价值观点、道德行为的养成，虽然学校与社会育人的作用效果不同，具有不同的特点，但是彼此之间还是相互联系的。社会环境对大学生思想政治教育有着积极深远的影响。学校教育应在管理上实现其内部和周边环境的和谐发展，加强学校与社会之间的相互作用，最大限度地保留思想政治教育的有效性，使之能够在这个多样化发展的社会中顺利延续下去，科学地将大学生在学校学习的思想政治理论应用到社会生活当中去。

第二，高校与学生家庭精诚合作，才能建设切实可行的大学生思想政治教育合力机制。在高校育人环节中，首先要重视家庭教育的关键作用。一方面，学生的第一教育场所就是家庭，家庭是大学生身心健康成长的襁褓。父母又是孩子的第一任老师，父母对子女的影响巨大，除了物质上的

支持还有情感的需求和精神方面的引领。高校应积极和家庭取得联系，取得家长信任，学生家长便可以做高校的宣传员，为学校分担育人工作。另一方面，高等教育具有系统性和连续性，这是其与家庭教育的本质区别，高等教育是通过科学研究而建立的系统教育体系。家长更加需要高校科学严谨的治校理念教育孩子，培养其子女成才。因此，高校首要任务就是要将家庭的强大影响力完全激励出来，使现代化高等教育和家庭教育在方法、思想上统一协调、合作共赢，探讨家庭可以参与学校思想政治教育的哪些环节、哪些角度，发挥教育合力机制的教育主体功能。高校与家庭方面需要继续探索合力的机制，包括融洽的交流机制、简便的信息传播机制、合作机制、协商机制、汇报机制等。挖掘好机制建立的途径，便可以建立良好的家校合作平台。高校对大学生的培养目标与家长的愿望和社会期望是一致的，都是使其成为社会主义的合格建设者和可靠接班人。

大学生思想政治教育合力机制的构建主要来自家庭、学校、社会。应完善当代大学生思想政治教育机制，构建教育合力机制。学校、家庭、社会这三个方面，虽然各有不同的性质和功能，但应通过协调与合作，彼此优势互补，形成教育合力，促进大学生思想政治水平稳步提高。

（二）大学生思想政治教育合力机制的实践意义

大学生思想政治教育合力机制一方面有助于学生思想的健康成长，另一方面，有助于加强学生思想政治教育的实效性。随着市场经济的快速发展，科学技术的迅猛发展，新的国内外环境对大学生思想政治教育工作提出了新的挑战，只有做到立体化的多位联合才可以在思想政治教育合力机制的构建方面取得成效。

首先，大学生思想政治教育合力机制的建立有利于高校形成科学育人系统。以往的大学生思想政治教育多为灌输、教导、教化，单一输出的形式没有因时代发展而进步，合力机制可充分发挥现代化高等教育的特点，统筹各项管理要素、各项育人要素、各项文化要素。

其次，大学生思想政治教育合力机制的建立有利于整合一切社会力量。一是整合校友力量，借助校友座谈、校友讲座、校友联谊等活动，增强校友榜样力量育人效果。二是整合媒体力量，通过新媒体方式等拓宽大学生思想政治教育的广阔平台，增加大学生获取信息的途径，便于及时了解当前重点时事资讯，展现新媒体力量育人效果。

最后，大学生思想政治教育合力机制的建立有利于家庭参与大学生育人环节。家庭力量的介入，增加了人文精神关怀，例如，新生入学欢迎家长参加迎新联谊会，毕业生毕业典礼邀请家长参加毕业典礼，这些人文关怀，使学生与家长的家庭单元都成为学校的人文力量，使这种家校共同育人精神可以传承下去。

在当前形势下，构建大学生思想政治教育合力机制，只有将思想政治教育系统内的各要素加以整合，并在运转的过程中形成同向力，才会更好地加强实践效果。

现如今，随着我国经济体制的大势转型，当代大学生的道德行为标准和思想意识水平也呈现出多样性，社会价值取向从不同方面影响到大学生思想政治教育，从而使得高校大学生思想政治教育产生了一些新的矛盾和问题。随着新的问题与矛盾的产生，思想政治教育也涌现出新的教育体制，思想政治教育已经不再是单纯的学风建设、老师授课，更重要的是社会实践，已经从单一的学校管理逐渐转化为多元的以学校为核心、其他影响因素相协助的一系列的过程，其中产生的综合效力才是我们所追求的，思想政治教育发展的必然趋势是合理而科学的教育合力机制。[1]

---

[1] 杨晓阳.大学生思想政治教育合力机制的功能及构建教学育人[J].高教论坛,2014(11)：66-67.

思想政治教育合力机制是学校教育在一定范围内发挥要素作用，形成合力，产生合力效果，反复运行的机制。各个要素之间的互相调节与影响，以及人们对思想政治教育目标一致的努力，最终在有机序列系统运行下高效实现教育目标。大学生思想的健康成长，不仅关系到国家的长治久安，而且影响到民族的前途命运，将大学生思想政治教育的内容和目标、组织和方法、环境和载体加以深度融合，构建起一个科学而系统的大学生思想政治教育合力机制，是提高思想政治教育实践效果的有效途径。

第三节　大学生思想政治教育合力机制的构成

大学生在校生活深刻影响其思想发展和行为素质。高校校园内的大学生思想政治教育合力机制是大学生文化精神教育的重点，因此，实施思想政治教育合力机制主要针对校园内部。校园内部的人、环境、资源都会影响大学生全方面、综合的发展。

一、大学生思想政治教育校内合力主体

（一）马克思主义育人队伍

高校马克思主义育人队伍一方面由思想政治理论课教师组成，一方面也由一批具备马克思主义理论知识的思想政治工作者、党政工作者构成，他们均是校内合力机制的主体。他们必须具有深厚的马克思主义理论素

养，能够旗帜鲜明地阐明政治观点，言简意赅、突出重点、完整准确地讲授党的基本理论、方针政策；注重用马克思主义基本理论引导学生，使学生不仅能加深对党的正确认识，还能够用马克思主义的理论思想来分析和解决问题。他们要关心社会敏感问题，关心时事新闻，关心政治经济等，用理论指导大学生自身发展。

担任高校思想政治理论课的教师必须从推进马克思主义育人的大局出发，发挥思想政治理论课在高校的主渠道作用，采取灵活多样的教学手段，比如慕课、翻转课堂这样的教学改革创新方式，把大学生吸引到课堂中来，积极主动参与课堂教学，实现学生自我教育和主动深入学习理论课程。高校思想政治理论课教师要以娴熟的教学技能技巧提高课堂教学效果，不辜负自己肩上的重任。使学生将理论与实践相结合，不受外界所扰，不受利益驱动，明辨是非，在思想上牢牢地坚定马克思主义信念。

在党政工作中，由于党政干部身份的特殊性，使其成为教育工作的主导工作者。党政干部在思想政治教育育人的过程中也在推进着高校马克思主义育人工作，其在合力构成中占据主导地位。他们努力宣讲党的路线、方针和政策，承担着以马列主义、毛泽东思想育、邓小平理论、"三个代表"重要思想、科学发展观、习近平新时代中国特色社会主义思想育人引领大学生思想方向的重要使命。

高校马克思主义育人团队在实际授课教学中同样发挥着重要的作用，思政课老师多为政治素质高、道德水平高的高校教师组成，他们在课程教授中与学生拉近距离，注重课上课下的双向交流，在与学生的交流中表达的情感和内容都会对学生产生直接的影响。高校政治理论课均在低年级进行，党校教育多在高年级进行。理论课教师注重平时案例积累，结合生动精彩的现实案例与自身对案例分析的精彩见解，通过他们的合力使大学生初入校门就在内心深处形成正确的思想政治立场，并产生入党愿望。进入高年级后，大学生有的成为入党积极分子，有的通过组织考察加入党组织，教师再对这些大学生进行系统性马克思主义理论的讲授，更稳固了大学生在校全过程的思想政治培育。马克思主义育人团队的合力与协调为大学生思想政治教育工作奠定了理论基础和现实基础，引导大学生用正确的世界观、人生观、价值观指导自身思想建设，坚定目标，努力拼搏。

（二）学生工作育人队伍

当代的大学生思想政治教育基层工作者是高校辅导员，辅导员又与当代大学生接触最为直接。在高校教书育人的大环境中，辅导员不仅仅承担着大学生思想政治教育、安全教育、情感教育、心理教育工作，也承担着学生的日常行为管理工作，是高校人才培养目标最直接的执行者，是贯彻党的路线、方针、政策的基层工作人员，是大学生学业发展的监督者和陪伴者。很多辅导员在大学生心中很有威信，在学生群体中也很有地位，所以大学生的思想观念、道德品质、价值取向等都易受辅导员的影响，没有一支高水平的辅导员队伍，大学生的思想政治教育就失去了根基。辅导员队伍政治素养的高低直接决定着学生群体的思想政治水平高低，大学生群体的思想政治水平的高低直接关系着中国特色社会主义现代化建设未来的各项事业。所以，必须对辅导员队伍的建设提高标准，要以马克思主义思想为政治教育的理论依据，多方面、全方位、综合地对高校辅导员思想素质、政治素质、道德素质进行培育。

（三）专业教师育人队伍

思想政治教育已经不仅仅是思想政治理论课教师、学生辅导员的责任，还是全体专业课教师的责任。专业思想教育是新生入学的重要教学环节，专业教师担负着开好路、起好头的作用。专业课教师对大学生的影响作用不可小觑，一些专业教师教学水平高，理论技能扎实，教师品德高尚，在教学岗位上兢兢业业，他们是大学生专业学习的指路人，是大学生专业修养的培育者，同时也是大学生思想品德的影响者，对大学生今后专业发展有一定的影响力。应将专业课、实践课、实习和毕业等教学内容与品德教育相融合，形成更为科学的教育资源，发挥专业教学的优势从思想上深层次地培育大学生，有利于形成其更趋稳定的情感态度和价值观。大学生思想政治教育只有和各专业紧密融合起来，才能把"教书"与"育人"更完美地结合，才能使高校思想政治教育在实践中全面落实并获得进一步发展，在专业实践和思想实践中走得更远。

（四）管理部门育人队伍

高校最根本的任务和目标是人才培养，高等学校文化育人机构和职能部门是其内部的各个管理部门，高校通过管理可以使潜在的资源转化为可用资源，并对人才培养产生重要影响。在人才培养过程中，管理部门育人队伍的地位和作用主要表现在以下三个方面：①资源有效组合，合理分工协作；②加速育人水平进步；③使育人队伍产生凝聚力。管理部门同样担任着大学生思想政治教育的重任，发挥着保障作用。因此，高校管理部门干部不仅要尽职尽责、恪尽职守地做好本职工作，更要在坚定的马克思主义信仰下，不断用自己的言行和思想教育影响学生。高校大学生思想政治教育工作要通过管理工作协调运行，必须加强管理部门育人队伍的建设。高校管理部门是直接负责大学生思想政治教育的机构，其领导工作方法正确与否，将会直接影响是否能合理地实施大学生思想政治教育。只有在管理部门内部形成科学有效的运行机制，才能建立好推动大学生思想政治教育的合力机制，才能发挥好领导的带头作用，带动部门人员认真工作，在思想上统一认识,尽好岗位职能。高校要认真分解大学生思想政治教育职责,明确各管理部门人员对大学生管理教育的职责和标准,切实有效推进各项工作的开展。

(五)后勤部门育人队伍

后勤服务人员,在高校育人环境中同样承担重要角色。后勤人员为学生提供住宿、饮食、学习等环境,在宿舍管理中学生接受宿管人员的服务与管理,宿管人员要对每一名大学生生活服务负责,大到安全责任,小到生活服务,宿管人员由发挥育人作用。食堂管理员,在负责学生饮食中,要充分考虑学生的经济负担,饭菜可口,价格合理,也是对学生育人工作的有力支持。后勤管理人员在日常管理中亲切温和,管理有序,服务到位,能够得到大学生普遍认可。宿管阿姨、食堂师傅、图书管理员等教辅人员构成了后勤部门的育人队伍。后勤人员发挥育人合力,为学生提供生活便捷,用敬业精神感染大学生,影响大学生,教育大学生。后勤工作繁杂,多头多绪的事务性工作考验着一个后勤工作人员的心理耐力。维修、电力、锅炉等工作是必要的保障,然而小事也绝对不许丢落。教室门窗需要的一个螺栓,桌椅需要的一个钉子,办公室、宿舍的一个灯泡,都要细致服务到位,他们以忠诚为公、认真负责来鼓舞他人,奉献爱心、耐心,后勤人员充分体现出对师生的关心、爱护、体贴。温馨提醒、特定节日的温馨祝福、有紧急突发情况的告示,要做到位,做到细致入微,这需要后勤人员投入更多热情,更多耐心。大学生在这种人文环境中学习生活,安心惬意,感受家人般的温暖。后勤人员在学生开学前,在教育、教学、科研等活动开展之前,提早准备所需物资设备,使各种物资保障充分有力。后勤人员依据教育设施安全知识对广大师生加强培训,有效预防体育设施、生活设施、实验设施造成的安全事故;后勤人员组织全体师生共同参与绿化、美化校园活动，在实施标准化校园建设中，后勤人员提供最合理、最实用的教育设施信息。在学校思想教育活动中，认真组织学生开展"爱护公物，轻拿慢放"活动；积极培养学生"节约粮食，节约水电"良好行为，规范学生不良行为，在校园形成"节约光荣，浪费可耻"的良好风尚。因此，大学生在生活中的思想政治教育离不开后勤人员，后勤人员扮演着环境育人的重要角色，发挥了以身示范的协作精神，这是大学生成长中不可缺少的环节。

二、大学生思想政治教育校内合力机制内容

（一）党政队伍统筹机制

高校中党政队伍发挥统筹作用，统筹安排学生工作指导委员会工作。学生工作指导委员会是由党委统一领导的校内委员会，其根本任务在于强化学校思想政治教育队伍的协调组织能力。如何从制度上规范有关工作的开展，对于学生工作指导委员会来说极其重要。具体来说，在建立高校党政队伍统筹工作联络会议制度的基础上，需要按期或定期召开统筹工作指导委员会党政负责人会议，协调思想问题，部署下一步工作任务。要处理好思想政治教育合力工作，协调好试点集中开展与自觉开展的关系，同时，要将取得的经验和发现的问题进行集中总结，分析原因，探索解决思路，同时努力建立起统筹机构的科学工作制度，建立起经验总结制度和信息反馈制度，并保障其长效运行机制，一项工作经过试点实验阶段后，再调查研究、总结并全面地落实该项工作。思想政治教育合力工作的一些措施在试点阶段搞好之后，不能试点完成就放松，更不能时搞时歇，忙了就放下闲了就拿起，更不能只在领导和上级敦促检查时才进行，要将思想教

育的合力工作当成最基本的日常工作来常抓不懈，要积极、主动地发现问题并解决问题。

（二）教书育人队伍调动机制

任课教师和专职管理人员都具有教书育人责任，尽管岗位分工有所不同，但教育以"把学生培养成全面发展的人才"作为教学工作的基本目标，所以二者之间也就存在着调动协调的关系。不同的任课教师和专职的管理人员都是教育的主体，他们通过互相调动使教育合力机制的形成有了更深层次的保障。但是，仍然有部分任课教师不能清醒地认识到自身在教育教学和思想教育管理上的责任，原因与高校在平时教育管理中的人员配备有关，这种专人管理会导致一部分任课教师认为自己没有义务对学生进行思想教育，因此执行不好管理职能；与之相反，专职管理人员会利用"定向思维"将全部事情放在自己身上，认为自己是学生思想教育的唯一管理者，不利于教育合力形成。所以教书育人应是互相调动育人队伍，从专业课任课教师的角度出发，应认识到自己既有传授专业课的职责，也有对学生进行思想道德教育的责任。抓好专业课学习与思想德育因素的结合点，主动参与班级规章制度及班级工作计划制订等，积极参与专业内学生的校内外实习、见习、研习等集体活动，加强与辅导员、其他学科任课教师间的横向联系，形成科学的教育合力。

（三）管理团队互动机制

管理团队互动机制指管理部门与学校其他部门协调互动，并在协调互动过程中发挥大学生思想政治教育作用，形成长效合力机制。高校内部管理团队是高校育人的另一支重要队伍，管理团队和教学团队、服务团队应进行有效互动，推进高校合力机制全面建立。高校内部的各管理部门人员应当牢固树立高校的根本任务是人才培养的观念，认识到所开展的各项工作都必须围绕教育出发。作为学校党委的办事机构和职能部门，所有管理干部均担任着德育工作的重任，必须在人才思想教育的培养过程中发挥出应有的保障作用。高校管理团队干部须尽职尽责地搞好本职工作，坚定马克思主义信仰，用言行影响学生，帮助学生解决思想信仰形成过程中遇到的三观问题，切实加强高校管理部门对大学生思想政治教育团队的互动协调。

（四）教育资源融合机制

教育资源是人类社会资源之一。教育资源是教育知识、教育经验、教育技能、教育资产、教育费用、教育制度、教育品牌、教育人格、教育理念、教育设施及教育领域内外人际关系的总和。教育资源融合机制融合协调以上所有方面，并使其相互影响相互作用，教育合力在一定规范中发挥作用。要继续推进大学生思想政治教育，促进学生全面发展，就要进一步发挥教育资源融合机制的作用。如规划公共选修课的设置，加强人文社科、自然科学课程的建设与协调，探索文化、人文和科技素质的融合；开辟贴近学生学习和生活的第二课堂，提高学生的综合素质，为学生的全面发展、可持续发展奠定基础；构建扩口径、厚基础的学科平台，积极完善学分制，不断扩大学生对专业、课程等教学资源的自主选择权利；切实改变课堂讲授学时过多的状况，拓展学生自学、选修空间；建立网络学习资源，开设网上学习园地，培养学生利用网络自主获取教学信息资源的能力；在规范要求的前提下，鼓励学生的个性发展，在全面发展的基础上鼓励创新。要促进校园文化建设，营造积极向上的文化氛围，创造利于学生学习、创新的环境，提高学生文化欣赏的能力和自身艺术水平。要开展多种多样的实践活动，深化学生勤工助学工作。勤工助学是一种特殊的社会实践，必须与学生专业学习、成长、培养相结合，要进一步加大勤工助学的力度，扩大勤工助学的工作范围，提高工作的技术含量。要加强对特长生的培育和教育，尊重学生个性，建立相应的培育系统，引导学生成才，丰富校园学生学习氛围。最终，建立一个全方位、多功能的系统，有利于大学生思想政治教育，形成校内有效教育资源融合机制。

三、大学生思想政治教育校内合力机制环境

（一）校内管理环境

校内管理环境，包括党政管理，基层管理、后勤管理、学生管理、党务管理等，高校管理环节错综复杂，你中有我，我中有你，例如，教学管理中存在学生管理环节，学生管理环节中包含教学管理秩序，因此，校内管理环境治理直接关涉育人环境治理。高校在招收新生过程中，首先要对新生进行入学教育，让学生了解管理制度、管理条例，防止学生在校期间做出违规违纪违法行为，校园管理首先从底线教育进行。其次，大学生在校期间，读书学习、科研竞赛、社会实践都需要和管理部门打交道，大学生要接受各部门的各项规范培训，遵守考试秩序，遵守校规校纪、遵守法律法规。

任何学校组织从事特定环境的活动，必须受到特定约束和管理环境的影响，这直接影响到管理效果。但是，变化的环境也要求学校对管理的内容、方式、途径和方法进行调整。

（二）校内教学环境

教学环境是一个由多种不同要素构成的复杂系统，广义的教学环境是指影响学校教学活动的全部条件（包括物质条件和精神条件），它包括

物理环境和心理环境。狭义的教学环境特指班级内影响教学的全部条件：学校的基础设施、学校的配套设施、软件设施、师资力量。物理环境是教学活动赖以进行的物质基础，主要由学校内部的各种物质、物理因素构成，如校舍建筑、教学工具、时间、空间等。心理环境是由学校内部许多无形的社会、文化、心理因素构成的一个复杂的环境系统，它与物理环境共同构成教学环境的整体。与物理环境不同的是，教学的心理环境是一个看不见、摸不着的无形环境，但它对师生心理活动的影响和社会行为，乃至整个学校的教育、教学活动都有着重要的影响，有时其影响力会超过物理环境。教学环境同样决定了教学活动可选择的方式方法，而且在很大程度上影响到合力育人的成功与失败。这两类环境也可作为相对独立的子系统存在，并具有各自不同的组件。

（三）校内服务环境

所谓校内服务环境不仅包括支持校园各项服务的基础设施，而且还包括一些思想上的无形的支持，指高校向校内学生教育主体提供思想和物质服务的场所。服务环境的好与坏关系着大学生对学校环境的整体印象，影响着大学生对校内服务的满意度。高校服务环境，涵盖学生生活园区、学习场所、就餐场所、休闲场所等，做好这些"硬环境"美化工作，提高学生生活设施的硬件标准，是推动大学生思想政治教育目标实现的环境基础和保障。另一方面，重视大学生学习生活"软环境"的建设对推动合力服务育人工作更具有效性。高校后勤服务部门可以与本校学生工作系统进行协作，以主题展示、服务信息、专题教育、典型宣传等形式，对大学生生活的"软环境"建设进行规划，使环境育人成为"服务育人"体系的有机组成部分。高校服务环境建设能够提升高校后勤服务内涵、全面促进后勤工作服务质量的提升，奠定高校服务育人功能的制度基础。

第四节　大学生思想政治教育合力机制运行的问题及成因

一、大学生思想政治教育校内合力机制运行存在的问题

（一）校内合力机制时效性不强

校内合力机制时效性是指教育信息仅在一定时间段内对合力机制具有价值的属性。合力机制的时效性很大程度上制约着合力机制运行的客观效果，也就是说合力机制在不同的时间节点上，具有很大的差异性，因不同时间效果不同，如果教育合力机制运行滞后，教育效果就会减弱。时效性影响着合力机制的实际效果，可以说时效性决定了合力机制在哪些时间内有效。

校内合力机制时效性要求合力育人环节中要更加注重时间节点，注重恰到好处，不能过度育人，也不能不合时宜说教。合力机制时效性约束合力育人主体重视时间节点，如期末考试、开学季、毕业季等，这些时间节点前要早预防，有效引导，全员合力，保证合力机制发挥时效性。部分高校育人工作队伍长期以来不擅长从校内的微观角度考虑问题，不能与校内教学管理、实际情况相结合，从而形成了脱离现实的现象，合力育人成了无源之水，无米之炊。而合力机制提供了一整套包括物质、制度、精神层

面的适应校内发展、反映校内基本价值取向和目标追求的标准体系,这些精神、理念、目标、核心价值观等都是根据大学生思想政治教育而建立的。目前合力机制受领导是否重视、约束监督机制是否健全、校园资源整合是否到位等因素影响,难以与时俱进,无法和高校的快速发展及大学生思想的多元变化相适应。因而,大学生思想政治教育校内合力机制还存在脱离实际,针对性、时效性不强的问题。

(二)校内合力资源互补不多

在高校内部有各种教育资源和对象,在部分高校,各教育资源在大学生思想政治教育工作中各自发挥作用,但各教育资源并没有通过组织互相补充与弥补不足,校内教育合力资源也没有形成互补关系。合力教育资源互补效应是针对高校大学生思想政治教育资源的整合与补充而言的,大学生思想政治教育工作没有很好地整合教育资源,并没有体现合力资源互补效应。"同心协力互惠互利、整合资源优势互补",是处理校内关系的基础,也是高校大学生思想政治教育资源共建共享的原则。当学生管理、党政机关、后勤服务等育人队伍缺乏一些必要的教育资源,但本身又拥有另一些教育资源时,他们之间可以通过互相补充、互相整合资源弥补自身的不足,达到事半功倍的效果。如教学院系缺少实践活动场所,而机关后勤却掌握校内设施场地的使用管理权;教学部门拥有大量丰富的专业资料和教学技能,机关后勤却缺少某些特殊专业资料和教学技能,只有教学部门与机关后勤部门资源进行有效互补,高校内的育人团队才能发挥合力育人的更大作用。目前,部分高校的实际情况却是各部门间的资源不能互用,教育资源严重浪费。因此,校内教育资源可以通过优势互补,形成互相配合的局面,通过资源共享提高资源的利用率,减少资源浪费,可以通过教育资源共享互补、教育资源整合优化的方式,从而降低教育资源的成本。若要让教书育人、服务育人、管理育人的合力真正达到和谐统一、目标一致，高校必须充分优化管理协调方式来整合校内各种教育资源。一个运行良好的大学生思想政治教育合力系统具有合力累加效果最大化的特点，由此可最大限度地提升大学生思想政治教育的合力作用。

（三）校内合力机制作用不协调

大学生思想政治教育各育人队伍的工作在高校必须与其他部门合作，不能独立发展。育人队伍之间需要相互协调，相互支持合作。但某些高校一些职能部门在建立教育管理工作机制时，实际上并没有形成协调一致的工作格局。在部分高校，大学生思想政治教育队伍各自为主，不相互协作，产生矛盾，不利于学校合力育人。这是由于从事大学生思想政治教育工作的育人队伍，在职责的划分上既有分工也有差别，尤其是在如何推进大学生思想政治教育的过程中，还存在一些瓶颈，制约着高校大学生思想政治教育的研究工作。虽然"以生为本，协同育人"的工作理念在高校一直被提倡，可在观念上某些高校育人团队还一直存在着固化思维。他们理解教务部门和教师就是负责"教学"，学工管理部门就是负责"育人"。高校协作机制在校内各部门之间已经有所建立，可在实际工作中，学生管理工作和教学工作之间依然是两条不相交的"平行线"的关系，一些领导认为讲课才是教师的职责所在，而辅导员只负责管理学生生活与开展大学生活动。某些高校育人团队有时只注重对大学生进行专业课程知识体系的教育，没有将提高大学生思想政治道德水平融入平时的教学中，所以智育工作和德育工作成为两个各自独立的工作系统，两者完全没有有机协调在一起。高校中育人团队之间的合作还不够深入彻底，部分学管人员和任课教师在协同其他部门人员工作时的协调合作意识不强，积极性还不够高。因此，高校学生管理系统与教学系统之间必须实现育人功能互补，人员协同合作，才能更好地实现大学生思想政治教育合力育人的目标。

二、大学生思想政治教育校内合力机制运行问题的成因分析

（一）领导重视不足

部分高校领导和有关职能部门对合力育人工作认识不到位，存在着表面上看起来重视，实际上却是应付了事的现象。目前，某些高校领导干部和行政管理人员热衷于在表面上做文章，非常形式主义，他们把合力育人工作看作一种多余工作，也没有把相关工作摆在主线的位置上。实际上，高校领导干部的言行有指导性和方向性，高校领导的态度和行动直接关系到教育合力作用的发挥，同时也是带动全校育人团队推进大学生思想政治教育工作的基础。某些高校领导重视不足体现在缺乏足够的肯定和支持，领导自身缺乏对校内合力育人机制的整体规划，也没有深入基层进行充分的调研，不能发现育人工作中由于缺乏合力机制产生的问题，因此没有在思想认识上形成合力育人的思维和规划。学校没有合力育人的激情，必然遏制合力机制的建立健全。形式主义的工作挤占了育人队伍的时间，导致他们没有足够的热情和激情投入协调互动的合力育人工作中。

（二）监督约束机制不全

任何组织单位中的任何工作没有健全的监督约束机制，一定会出现工作无法推进、漏洞百出的现象。高校中缺乏对领导合力制度的约束监督，缺乏对育人团队有关规章的约束监督，缺乏法律法规的相关依据和保障，因此合力育人队伍的组建工作也缺乏制度的约束。由于大学生思想政治教

育工作本身的特殊性，对实际工作不可能进行量化统计，更谈不上科学的评判和考察，在高校校内合力育人工作具体实施的过程中，现有的约束与保障机制，往往只是表面功课。任何组织单位在缺乏监督约束机制的条件下，一定会使成员工作态度懈怠，热情不高，工作效率低下，频繁出现敷衍了事、应付大吉、假大空的现象。高校合力育人主体没有监督与约束机制，将会造成专业教师育人队伍只注重理论教学，不注重实践育人；学生工作育人队伍只注重学生日常工作，不注重思想教育工作；管理部门育人队伍只注重管理工作，不注重管理育人功能；后勤服务育人队伍只注重后勤维修，不注重服务育人的作用。如果高校的监督与约束机制严重短缺，就不能为合力育人工作提供高品质的服务，比如，高校学生管理工作没有在严格意义上界定合力育人的职责范围，因为缺乏监督约束机制无法对学生管理部门进行有效约束，育人工作有无效果都没有相应的制裁，只是单方面地呈报学生学业成绩是无法证明育人工作效果的。没有健全的监督约束机制必将弱化管理作用，弱化育人工作，弱化育人责任。高校育人队伍要从合力育人、合力发展的角度出发，将合力管理和合力教育纳入科学规范的高校规章制度中来，加强约束，加强监督，加强制度建设，加强保障。通过监督约束机制的建立，使大学生思想政治教育工作者合力管理权合法化；通过监督约束机制的建立，使高校有条不紊地开展各项工作；通过监督约束机制的建立，健全校内合力育人的规章制度。

（三）有效整合校内资源不够

在高校内部教育资源互补不够的情况下，合力机制作用不能有效运行。主要原因还是合力机制的建立没有进行资源整合，没有建立全面强大的教育数据库，合力资源互补效应没有得到很好的彰显。某些高校大学生思想政治教育工作者没有资源共享的意识，凡事遇到困难就以资源短缺为理由进行推诿，一方面不去积极寻找所需资源，另一方面也不利用现有资源进行优势互补或交换资源。各合力育人队伍始终无法利用校内教育资源，无法了解学校现有教育资源的真实情况，更没有使用教育资源数据库的权利，因此无法整合和优化教育资源。教书育人队伍、管理部门育人队伍、学生工作育人队伍、后勤服务育人队伍、马克思主义育人队伍之间缺少互相分享教育资源的机会，互相了解教育资源的程度不够，互相借鉴学习的平台缺乏，使校内教育资源无法呈现在所有育人团队的视野中，教育资源无法针对高校大学生思想政治教育工作内容进行组合与搭配。校内合力机制运行具有一种强力吸纳资源的特点，可通过资源的配置和资源的整合实现运行效果显著的目标，产生 1+1>2 的效果。教育资源是高校发展的基础，推进大学生思想政治教育工作需要整合多方资源，高校管理者既要有资源输出的意识，又要有交换资源的意识。在办学成本方面，高校领导更应主动考虑资源整合问题，不能有意无意浪费资源，重复建设，使缺乏高校资源的依旧缺乏，多余的依旧浪费。

第五节　完善大学生思想政治教育合力机制的对策

一、依法建立校内领导机制

依法建章立制涉及高校领导机制的方方面面，从高校建设发展的层面进行分析，必须建立良好的领导机制，建设领导机制的核心是要将领导权力与行政权力区别开来。依据《中华人民共和国教育法》（以下简称《教育法》），高校依据法律、法规建立校规校纪，遵循《教育法》培养大学生，依据《中华人民共和国宪法》使每名学生享有公平教育权，依法构建高校合力育人机制。法律素质的形成不是封闭的、单向的，而是开放的、交互式的。高校内部合力者法律素质的形成与整个高校的法制环境有着密切的联系，要想保障合力机制系统的有序运行，就必须努力优化社会法治环境，切实做到"有法可依，有法必依，执法必严，违法必究"。高校建立校内领导机制，就必须规定领导行使有关合力育人工作上的权力和义务，建立合力机制校长负责制，建立合力育人协调统一、完整统一的领导机制，使大学生的思想政治教育合力机制的构建法治化、科学化。高校基层领导起着承上启下的作用，他们既是管理者又是被管理者，地位与作用同样重要。基层领导的作用更应通过法治化的领导机制进行规定。通过规定其义务与权力的内容，发挥领导力的作用。首先，他们应该是思想骨干，能够做到思想统一凝聚人心。其次，他们应是管理骨干，能够做到完成规定工作与自选工作。最后，他们更应是业务骨干，真正能作为专家学者承担专业职责。如此，依法建立校内领导机制，将会有效解决高校育人环节中缺乏顶层设计的问题，以及基层思想政治教育工作缺乏协调互助的问题。

（一）依法建立领导指挥机制

依法建立领导指挥机制，目的即健全和完善思想政治教育工作的领导体制。领导指挥也可以理解成：领导预先做好规划，做好顶层设计，指挥全员向一个目标发展进步。顶层设计最早是一个工程学概念，其本质内涵是站在全局高度，着眼从根本上解决问题，对某项工作或任务进行统筹谋划，确立科学的方略和思路，集中系统资源、整合系统要素、调整系统结构、协调系统功能，形成自上而下层层衔接、环环相扣的合力，高效快捷地实现目标。高校领导机制的建立也必须依照《教育法》对领导有关顶层设计、统筹指挥等工作进行详细规定，使高校领导指挥机制法治化。高校应努力完善学校的规章制度，坚持依法治校，完善大学生思想政治教育合力机制的建设。高校依法治校是一个"管理理念法治化、规章制度法治化、决策行为与过程法治化、执教活动法治化"的有机体系，集中表现在"教"与"管"两个基本环节。虽然"依法治校"口号已经提出多年，但是有些高校受传统行政管理体制的影响，在管理工作中仍旧存在着一些违法行为。有的学校规章制度不免欠缺规范性与合理性，例如，规定学生迟到或宿舍卫生不达标罚款；有的学校规章制度不健全或执纪不严，对师生违纪甚至违法的行为不予惩治，对影响学校声誉的事件百般遮拦；有的学校管理工作程序违法，对因各种违纪违法行为而受到处分的师生不予书面告知，申诉环节缺乏有效途径等；还有的学校以虚假广告和其他欺骗手段招生、乱收费或是收受贿赂。依法建立规章制度是高校合力机制法治化管理的前提与基础，应依法固化大学生服务管理等一系列规章制度，对领导指挥机制用法律法规进行约束和制约，使大学生思想政治教育合力机制的顶层设计有法律的监督和保障。

（二）依法建立领导协调机制

党的十八大以来，依法治国的理念已经深入人心，依法建校更是高校亟待解决发展的关键。目前，在部分高校内部，合力育人工作没有体现协调互助，没有法律保障，很多工作存在各自为政的现象。高校应该依照《教育法》中的法律规定制定高校内部协调机制，并把领导协调职责写进高校教育法规的内容中，通过依法建立领导协调机制协调各部门之间的关系，协调人员的调配，协调资源的整合。大学生思想政治教育过程中，还存在一些瓶颈问题制约着管理机制。大学生思想政治教育工作在高校不能独立发展，必须与高校内部其他工作相互协调发展。高校管理中要有计划、组织、领导、控制等各种职能，而协调沟通则是贯穿这些职能的主线。协调沟通就是信息交流，是信息由发出者到达接收者并被接收者正确理解的过程。协调之于组织单位，好比血液循环之于生命的有机体。协调沟通是管理的核心，管理的过程就是协调沟通的过程。协调沟通是实现领导职能的基本途径，任何决策都需要从内外部沟通中获取大量信息，在决策的执行过程中也需要及时沟通了解情况。当然，在高校管理中难免会出现冲突，部门之间冲突，管理机制冲突，人员之间冲突，这些冲突都是因为没有领导协调机制产生的。当然，还要具体看是建设性的冲突还是破坏性的冲突，这关系着协调机制如何建立，以及领导协调沟通的方法是否科学。冲突难以避免，关键在于管理，核心在于协调沟通。高校育人工作离不开正确有效的应急处理工作，处理冲突的有效途径是要创新体制、机制和制度，从根本上解决问题。有些冲突的深层次原因是高校体制、机制和制度不完善，领导应该善于发现和抓住深层次的矛盾，通过制度和管理创新求得根本性解决。因此，应在高校领导层面依法建立领导协调机制，即协调各部门、各环节的育人工作，使各方合力在一个集中领导、集中协调的大系统内，减少破坏性的冲突，增加有益沟通合作，加速推进高校领导机制法治化的进程。

（三）依法建立领导激励机制

领导激励机制是指组织系统中的激励主体通过激励因素或激励手段与激励客体之间相互作用的关系的总和，是指高校遵循内在关系结构运行方式和发展演变规律的总和。心理学家研究证明，正面鼓励和负面鼓励之间具有不对称性，希望得到他人的肯定、赞美，是每一个人正常的心理需要；而面对指责时，不自觉地为自己辩护，也是正常的心理防御机制，批评与处罚有负面鼓励的效果，因此批评要适度。在高校内部管理中，高校人员素质较高，专业水平高，因此领导对下属员工要适度采用物质激励与精神激励。物质激励多以加薪、奖金、实物奖励和福利的形式出现，通过满足大家的物质需要激励大家的工作热情。精神激励多以授予称号、颁发奖状、先进表彰、宣传事迹及日常表扬等形式出现，通过满足大家的精神需要，影响人的心理状态。高校实行领导激励机制最根本的目的是正确地引导高校管理教学服务等人员的工作动机，使他们在实现组织目标的同时实现自身的需要，增加其满意度，从而使他们的积极性和创造性继续保持和发扬下去。哈佛大学的詹姆斯教授在对激励问题进行了深入研究后提出，如果没有激励，一个人的能力仅能发挥20%～30%，如果加以激励则可发挥到80%～90%。作为高校的管理者，其能力和潜力的发挥很大程度上决定着高校教育质量的好坏。通过实施有效的公平合理的一整套完善的领导激励机制，即领导充分调动管理人员，激励下属推进思政工作，可以保证大学生思想政治教育育人队伍激发创造力和创新能力，唤醒育人工作热情，激发育人队伍自身潜能，收获合力机制的理想效果。

二、依法建立校内监督约束机制

（一）依法建立健全监督机制

所谓监督机制，就是确立标准，衡量绩效，纠正偏差的有效机制。标准是人们检查和衡量工作及其结果的规范性。依法建立校内监督机制，就是依照法律规范制定高校管理监督机制。美国政治学家潘恩说过："如果没有人监督，对国王也是不能信任的。"英国管理学家赫勒通过调查发现，"当人们知道自己的工作成绩有人检查的时候会倍加努力"，指出"没有有效的监督，就没有工作的动力"。从本质上讲，监督职能就是对人的监督控制。监督的主体是人，被监督的对象也是人。事实上，职务越高的高校管理人员，控制的资源越多，掌握的权力越大，对高校发展育人工作的影响也越大，对他们的监督就应该更加严格。如果缺乏有效的监督，高校内部就会出现滥用权力的情况，导致管理失控、教学混乱和利益损失。高校内部的监督机制并不是一种消极的作用，它能启发育人队伍合力主体正确处理个人与学校的关系，鞭策每个人在高校发展的同时获得合理的个人利益，激励育人队伍为实现高校育人目标而工作。有效的监督也是一种激励和动力，要在高校大学生思想政治教育工作中实行法治化的监督机制，实行责任制度化，管理目标化，依法建立健全监督机制就是要求育人队伍能自觉地根据育人工作各自承担责任，有效的监督保障机制，可以监督保障育人队伍的法律利益，使育人主体形成合力。要做到健全监督机制和健全保障机制。建立健全高校内部管理监督机制，可以更好地监督约束教育主体，优化资源配置，形成理论和实践的合力。

（二）依法建立健全约束机制

建立健全约束机制就要依法建章立制、依法执行制度。在建立约束机制时要在依法严、考核硬、兑现强上多做工作。要结合实际，梳理制度，大胆推进育人工作创新，做到干和不干不一样，干好和干坏不一样，贡献大和贡献小不一样。要强化大学生思想政治教育育人队伍的责任意识和执行力意识，每名党员、干部都要切实承担责任、敢抓敢管。为了解决现有的合力机制重形式、轻管理与监督的现象，就要在大学生思想政治教育育人过程中依法建立约束机制。校内合力育人队伍通过责任约束制定一系列的规章制度，高校领导力量和综合管理部门建立起一定形式的责任制，明确规定合力育人团队的育人主体、育人客体、育人手段、育人目标、育人环境等，以形成规范和限制育人行为的约束机能。责任约束的内容包括：①责任的工作规范。包括工作对象或职责、职权的范围，工作标准和管理工作流程，完成任务的工作方法，人员的配备要求等。②责任的目标。包括定性和定量两个方面。定性目标，指根据责任的工作规范，规定工作项目、完成期限、工作质量标准等。定量目标，是按数量、质量、时限三方面规定的各种目标值。③责任的纪律。遵守有关政治、组织、保密、财经纪律的规定。责任约束的方式包括：①育人工作责任制。它反映了高校通过实行不同形式的育人方式，对育人工作者进行的责任约束。②内部管理责任制。它以提高工作效力为目标，对育人工作者进行责任约束。③岗位责任制。它是高校内部建立在"职位分类"和"职务分析"基础上对每个教职员工进行的责任约束。④责任考核制。高校育人管理部门对育人队伍的责任考核，对其所规定的目标值和任务的完成情况进行定期检查、分析、考核，对育人工作者进行全面、综合的责任约束。⑤奖惩制。它是根据每个高校和教职员工的工作态度和工作实绩实行奖惩有别的责任约束。责任约束的考核方法以责任制度规定的应负责任指标为依据，着重考核"德、能、勤、绩"，通过依法建立健全约束机制，进一步完善大学生思想政治教育合力机制。

三、依法建立校内资源整合机制

（一）依法建立资源整合机制

资源整合是系统论的思维方式。许多高校管理育人实践证明，多种资源管理体系并行必然产生以下问题：教育资源重复交叉，教育资源建设工作量大，各部门资源不易协调，使用控制效果不易把握，教育资源文件数量巨大，育人队伍人员情况不易掌握，内审程序烦琐，时间和人力消耗过多等。整合各种教育资源，实现教育资源管理一体化，有利于简化惯常工作，简化管理过程，节约管理成本，这对提高管理效率、增强高校竞争力是十分必要的。高校内部资源整合机制的目标是形成高校唯一覆盖全员、全方位、全过程，管理层面清晰、职责分配清楚、掌握教育资源所有数据库的管理体系，达到提升制度执行力、推动高校整体管理水平、降低管理成本的目的。通过依法建立资源整合机制，分三个层面建立教育资源管理体系：最高决策层建立资源整合原则，中间管理层建立资源整合程序，基层管理操作层建立执行办法。通过依法建立资源整合整体筹划、分步整合的工作思路，制定管理制度和管理体系。

要依法建立资源整合机制，就要进行战略布局。第一，依法构建全员育人机制。通过建立资源整合机制调动一切校内资源。首先，要调动校内一切育人队伍资源，包括人力、物力、财力等内容，领导层要对所有教育资源进行分类公布，使所有育人队伍知晓教育资源的去向和使用情况，建立专门的制度机构对教育资源进行监控和调度。其次，资源整合需要各方育人力量联合共享，学生工作队伍、教学队伍、管理队伍、服务队伍等人员要积极进行系统化资源整合。全体师生都要用实际行动来达到合力育人的预期效果。高校思政课教师、学生辅导员、党政群团干部和各专业课教师是高校思想政治教育的主体力量，应各司其职。学生辅导员和党政群团干部负责大学生思想政治教育活动的组织、承办、协调和实施，并有规划地开展各类政治教育活动，如注重学校和地域特点，推动传统文化、地方特色文化和校园文化结合创建教育实践活动。授课教师要有对教学工作严谨负责的态度，充分发挥各专业的育人功能，注重学院学风建设，完成教书和育人的职责。最后，还要注重发挥"两课"在高校思想政治教育中的引导作用，思政课教师要不断创新教学内容、途径、模式和手段，以此来提高教学质量。第二,依法构建全程育人机制。高校大学生思想政治教育中的全程育人是指从大学生入学到毕业的全过程中要高度重视大学生思想政治教育,促进大学生的身心全面发展。大学生的成长具有发展的复杂性、阶段性、稳定性等特点,差异性、不均衡发展等又是各自具有的特点。要依法做好育人工作,教育者首先就要认真研究他们成才的基本过程,并掌握其身心发展特征,做好从新生入学教育到毕业生就业各阶段的工作,精心设计教育目标、确定工作重点和教育方法等,进行全方位、多角度的教育,使学生的思想觉悟在原有基础上得到提高。第三,依法构建全方位育人机制。全方位育人是指在高校通过多种模式和途径对大学生实施全方位、多层次、多维度的高校思想政治教育。在高校环境中,必须充分利用各种教育资源,加强对大学生的思想教育。要强化教育者与大学生的沟通反馈机制。为快速达成教育目标,教育者与大学生要通力合作,要依法建立资源整合机制,进一步完善合力机制,均衡对大学生的教育影响力。要调动一切积极因素,采取多种教育方法和方式,保证大学生思想政治教育的各项任务真正落到实处。❶

(二)依法建立资源联动机制

依法建立资源联动机制,通过一系列制度和规范的运作,优化各种教育资源。大学生思想政治教育的资源联动机制是指高校全体教职工以共同目标和利益为方向,以提升大学生思想道德建设、实现大学生全方位发展为目标,共同承担责任与履行义务,群力群策,优势聚合,形成合力。高校全体教职工在大学生教育体系中目标相同、责任共担、利益共享,实现

---

❶ 孙琦.高校马克思主义大众化教育主体合力机制研究[D].哈尔滨:哈尔滨理工大学,2012:11-12.

高校各主干力量统一行动，发挥学校各部门的指导、纽带、激励与引领职能，促进高校各方利益与责任联动响应的产生。具体包括：第一，依法构建联动机制新模式。高校成立引领思想阵地建设领导小组。领导小组由高校主管、院系领导、学校发展部门、规划组织、学管部门主要负责人组成。第二，依法完善联动建设机制。在高校思想宣传阵地建设中，需要联动建设机制的模块有：高校传统媒介，如广播站、校报、电视、电台等；新媒体，如手机报、微博、微信、思想政治理论课、思想教育基地等。在整体构架确定后，每部分建设机制作为子系统要逐一构思、创建、设计、建设。要用大学生思想政治教育的最新成果占领高校宣传思想政治教育阵地。第三，依法构建联动方式。通过联席会议制度和建立网上协作交流平台实现联动。通过联席会议，规划分解任务和协调解决建设中浮现的问题。联席会议集中讨论，集体解决问题，通过事先征集，做好决策记录，由行政办公室负责，复杂议题上报领导小组。建立健全阵地建设联动机制和各领导小组主管领导分工责任制，各模块建设联动由模块建设的引领单位负责人负责，各相关单位或部门积极参与。

第五章

全方位育人理论与实践

第一节 新时代高校思想政治工作的时代意义

习近平总书记在党的十九大上庄严宣告"中国特色社会主义进入了新时代,这是我国发展新的历史方位"[1]。新时代,高校思想政治工作者担当历史重任和时代角色,在历史新起点下发挥重要作用,具有特殊的时代意义。新时代,高校思想政治工作关系中华民族伟大复兴、中国特色高等教育内涵式发展和高校立德树人根本任务。新时代,高校思想政治工作有效落实,关系中华民族战略人才的培育成效。新时代高校思想政治工作成果不是等来的,不是自然迸发的,不是敲锣打鼓就轻轻松松得来的,而是一代又一代高校思想政治工作者经过长期努力,在党的领导下,不忘初

---

[1] 习近平.决胜全面建成小康社会 夺取新时代中国特色社会主义伟大胜利——在中国共产党第十九次全国代表大会上的报告[N].人民日报,2017-10-28(1).

心、砥砺前行奋斗出来的。新时代，中国高等教育面临新机遇，又面对新挑战，高校将以强国时代的鲜明特质书写"教育强则国家强"的时代答卷。

一、新时代高校思想政治工作是实现中华民族伟大复兴的助推器

党的十八大以来，以习近平同志为核心的党中央始终把思想政治工作、意识形态工作作为极端重要的工作。高校思想政治工作与高校意识形态工作同样是新的历史条件下一项关键重要的工作，是新时代具有重大挑战的工作。要在思政大格局下占领与把握高校前沿阵地，因为中华民族的伟大复兴、中华民族文化认同、由站起来到富起来再到强起来的民族自信与高校思想政治工作密切相关。中国特色高等学校教育事业发展程度是衡量国家发展水平和发展潜力的重要标志，教育振兴、人才培养直接关系到一个民族、国家的未来，只有成为世界大学的规模、"双一流"高质量的高等教育，才能让中华民族复兴指日可待。

（一）明晰高校思想政治工作与民族复兴的关系

高校思想政治工作要有新气象，高校思想政治工作者要有新作为。教育是一个国家的根本，一个国家的地位和发展前景与这个国家的高等教育发展水平息息相关。民族复兴理念融入高校思想政治工作具有预见性和创见性，势必转变高校思想政治工作传统的工作策略，这充分体现了习近平总书记治国理政的新理念、新思想、新战略。党的十九大以来，中国特色社会主义进入了新时代，中国高等教育同样进入了新时代，因此，高校思想政治工作与民族复兴之间是依存关系、支撑关系、互补关

系。首先要明晰依存关系。科教兴国，人才强国。中华民族的伟大复兴需要一代又一代的青年人为之不懈奋斗，需要奋发有为和具有创新精神的高储备人才，人才的培养也迫切需要优质的高等教育作为支撑，高校思想政治工作理念是高校开展各项工作的先导。民族复兴依赖各项事业蓬勃发展，做好新时代高校思想政治工作，中国的创造活力将得到更加充分的释放，中华民族的文化魅力将得到更加有效的传承，中华民族将更加有深度地融入世界。新时代，高校思想政治工作的新作为首先是办好人民满意的高等教育，高等学校的教育职能体现在国家、社会和个人发展等各层次领域，在关心民族命运、服务国家战略上有所作为；在勇担社会责任、满足社会需求上有所进步；在实现好、维护好、发展好中国特色高等学校上有所建树；推动高等教育大发展，为实现中华民族伟大复兴的中国梦作出更大贡献，民族复兴进程的成果继续作用于高校思想政治工作，在前进路途中矢志不渝。其次，要明晰支撑关系。高校人才培养要支撑国家人才梯队建设，做好高校思想政治工作，引导大学生明确"四个正确认识"，立足教育引导大学生做时代的奋进者与未来的开拓者，为党和国家培养担当民族复兴大任的时代新人。当前我国高校思想政治工作遇到时代难题，面临时代挑战，一流大学必须重视人才培养，具有引领精神的大学才是真正一流、卓越的大学。高校作为意识形态工作的前沿阵地，要直面社会和思想理论领域的热点难点问题，做好思想教育引导工作。新时代高校思想政治工作将以"强国时代"的鲜明特质载入实现中华民族伟大复兴的史册，形成一个异于他国、影响世界的中国经验和中国方案。最后，要明晰互补关系。高校思想政治工作与民族复兴有多方面关系，包括文化、道路、制度、理论关系。中国高等教育将走向世界舞台中央，充分展示实力。中华民族正越来越走向伟大复兴，同时世界文化正呈现多样化发展的趋势。当具有中国文化特色的"中国方案"越来越得到全世界人民的呼应，并落实为国际社会愿意共同遵守的制度，产生实际效果时，中国道路的世界价值才会充分彰显。我国高校更要在经济全球化过程中找准贡献点，发出中国的声音，提供中国思考、中国思路，高校人才要有高度的自觉与自信、良好的精神面貌。我国高校思想政治工作与国家富强、人民福祉、文化复兴理念相结合，要始终贯穿在大学的办学实践中。高校思想政治工作传承民族精神与中华传统文化，是我国大学得以迅速发展壮大的真正动力。

（二）把握高校思想政治工作与教育振兴的关系

建设世界一流大学是党中央、国务院作出的重大战略决策，对于增强国家核心竞争力，实现从高等教育大国到高等教育强国的历史性跨越具有十分重要的意义。办好中国的世界一流大学，必须有中国特色。面对百年未有之变局，可以说，办好世界一流大学是时代给出的"必答题"。绵绵用力，久久为功。建设中国特色的世界一流大学是一个持续进步的恒远过程，是全面建成小康社会、建成社会主义现代化强国的强大支撑。高校思想政治工作能够全力促进教育振兴和教育水平高质量发展，新时代思想政治工作应创建学术立校、人才强校、创新兴校、开放活校、文化荣校等综合环境育人优势。

要把握高校思想政治工作与教育振兴的关系，积极谋划高等教育系统构建、整体推进，全面推进协同育人、合力育人机制运行。高等教育振兴有两个方面：一是适应经济社会发展的基本规律，即优化结构、突出特点、提升质量，建设高等教育强国。优先发展高等教育事业，优化学科专业结构和布局，突出中国特色高等教育制度优势，大力推进"双一流"高校建设，形成一流学科顶端引领、多元触动、互融并存的振兴态势。

二是适应人才发展的基本规律，使人才能够锐意进取、埋头苦干、守望相助、团结奋斗。坚持办好人民满意的高等教育就是要正确把握高等教育的发展规律，真正担当起新时代赋予高校思想政治工作的光荣使命，必须坚持以人民为中心的高校发展思想，时刻突出高等教育的先导性作用和全局性地位，让人民享有更好、更优、更公平的高等教育，同时引导高校思想政治工作者以创新的思维，协调高校思想政治工作的合力，以解决工作统筹不足的问题。建世界一流大学，凸显中国特色，推进教育全球化目标在大学建设中占据重要分量，拥有世界一流大学已成为我国每个公民的愿望。

（三）实现高校思想政治工作与人才战略的转变

党的十九大报告指出，"人才是实现民族振兴、赢得国际竞争主动的战略资源。要坚持党管人才原则，聚天下英才而用之，加快建设人才强国"❶。我国科技发展要从制造重器到制造精器转变，建设"双一流"大学，培养"双一流"人才，才可为国所用，为民族复兴而用，增加人才民族复兴责任感。中国步入新时代，也处在战略机遇期，高校人才培养是为国家贮备人才，青年大学生的思想状态直接影响大学生对中国道路、中国制度、社会主义理论、中国文化的认同与自觉自信，涉及国家各项事业全面发展和长治久安。做好高等教育旨在坚定使命、目标、原则和任务，培育德智体美全面发展、积极践行社会主义核心价值观、投身社会主义建设伟大事业的接班人，为学生点亮理想的灯、照亮前行的路。新时代高校人才战略必须努力实现"四个转变"。一是人才培养思路应由注重数量向注

---

❶ 习近平.决胜全面建成小康社会 夺取新时代中国特色社会主义伟大胜利——在中国共产党第十九次全国代表大会上的报告［N］.人民日报，2017-10-28（1）.

重质量转变；二是人才评价考核由简单指标向综合评价转变；三是人才资源配置由地域分布向全局分布转变；四是国际地位由跟跑向领跑转变。"正确认识中国特色和国际比较，全面客观认识当代中国、看待外部世界。"❶ 五大发展理念有利于高等教育发展，新理念振兴高等教育，教育兴则国家兴。高等教育良性发展、创新发展、高效发展，是为国家提供人才支撑，壮大国家青年人才队伍的根本保证。"党中央做出加快建设世界一流大学和一流学科的战略决策，就是要提高我国高等教育发展水平，增强国家核心竞争力。"❷ 习近平总书记将高校人才问题作为社会主义建设的战略问题来探究，关注高校定位发展，关注人才选拔、培养、使用，关注人才环境营造。习近平总书记在全国高校思想政治工作会议上的讲话，把高校思想政治工作纳入治国理政的重要组成部分，这是党和国家对高校的高度信任。在全面建设社会主义现代化国家的重要阶段，高校肩负培养时代新人的重要使命，这是国家人才战略的需要，更是民族发展的需要，因此高校思想政治工作要围绕人才培养、教育强国等目标进行深层次推进。

在我国建设世界一流大学的进程中，部分高校在吸纳本土人才上缺之信心。仅从当前国内某些一流大学招聘人才的要求来看，几乎都聚焦在具有留学背景的海归身上，从一个侧面反映了这些一流大学对自身人才培养的不满意、不自信。教育振兴是国家振兴的前提，是教育自信、文化自信的基础。我们相信着中国未来将成为世界强国，我国的高等教育要走出一条属于自己的路、具有世界影响力的路。这一历史任务需要我国大学意识到自身的软肋和不足，实现整个高等教育战线的自

---

❶ 习近平在全国高校思想政治工作会议上强调 把思想政治工作贯穿教育教学全过程 开创我国高等教育事业发展新局面［N］.人民日报，2016-12-09（1）.

❷ 同❶.

我觉醒，跳出原有的人才培养体制与模式，培养引领世界的人才，造就一大批担当民族复兴大任的时代新人，高校思想政治工作应发挥重要作用。

二、新时代高校思想政治工作是扎实办好中国特色高等教育的基石

新时代、新征程承载新使命，大学不是脱离社会孤立存在的，我们比以往任何时候都倍感发展愿望之强烈，比以往任何时候都倍感肩负责任之重大，比以往任何时候都倍感奋斗动力之澎湃。我国必须走属于自己的高等教育特色发展道路，扎实办好中国特色社会主义一流高校，从两个方面凸显中国高校办学特色：一是要坚持和加强党的全面领导。党的领导是中国特色社会主义制度最大的优势所在，也是高等教育稳步发展的保障所在。二是要扎根中国大地办大学。解决整个高等教育的改革和发展问题，要解决中国特色高等教育的发展问题，解决扎根中国大地办大学的问题，解决思想政治教育改革的实际困难。

（一）党的领导决定高校思想政治工作的核心方向

办好党领导的中国特色社会主义高校，必须坚持马克思主义理论教育，贯彻落实党的教育方针。坚持党对高校的领导才能把握高校思想政治工作的核心方向、统领大局，从而在建设世界一流大学征程中确保中国特色社会主义大学的正确办学方向。同时，抓好马克思主义理论教育的正确方向，关乎个人成长与社会发展，也是为青年大学生的成长奠定正确的思想意识，为走好中国特色社会主义强国之路奠定基础的条件。高校要切实有效地把社会主义核心价值观融入高等教育，

把培养担当民族复兴大任的时代新人作为重要职责,积极号召全体师生坚定理想信念、践行模范精神、投身于宣传弘扬社会主义核心价值观。高校要注重人文关怀加强心理健康教育,培育优良学风校风,营造和谐温暖的高校环境和良好的育人氛围,加快高水平大学建设的步伐。一是党的领导决定出发点、落脚点。新时代的高等教育要立足于大学实际,学校发展要落实到提高人才培养水平、坚持党的全面领导和提高党建水平上。二是党的领导决定领导权、坚强阵地。我国高校要牢牢把握党对高校意识形态领域的领导权、话语权、主动权,保证高校永远是培养社会主义事业建设者和接班人的主阵地。三是党的领导决定办学性质、办学方向。我国的历史与国情决定了我国高校必须选择中国特色的发展道路。只有党的领导才能决定我国高等教育的根本任务。党的十八大以来,习近平总书记深刻阐述了高校党建工作的重要地位,其关系到党的理论路线方针政策能否在高校得到贯彻落实,关系到中国大学的发展方向。坚持党对高校的领导,不仅要头脑清醒,还要态度鲜明,更要行动自觉。

(二)"三个独特"决定高校思想政治工作的特色道路

"我国有独特的历史、独特的文化、独特的国情,决定我国必须走自己的高等教育发展道路,扎实办好中国特色社会主义高校"❶。独特的历史:一部中国历史,上下五千年。中华文明沉淀着中华民族最久远的精神追求,继承着中华民族最本源的精神基因,铭刻着中华民族最独特的精神标识,是中华民族生生不息、发展壮大的力量源泉,也是中国特色

---

❶ 习近平在全国高校思想政治工作会议上强调 把思想政治工作贯穿教育教学全过程 开创我国高等教育事业发展新局面 [N].人民日报,2016-12-09(1).

社会主义生长的土壤,为发展壮大新时代中国特色社会主义高等教育提供了丰厚滋养。独特的文化:中华历史文化传承已经从教育内部延伸到当代中国特色社会主义各项文化事业。它既需要我们对中国道路的历史文化根基有深刻的研究,更需要我们从历史上的文化认同、民族认同、国家认同、学术认同中汲取智慧,建立起今天的价值认同与传统价值认同的联系。文化传承创新与人才培养、科学研究和社会服务一道,构成了大学的四项重要使命。独特的国情:在中华人民共和国发展史上,这个新时代就是进入决胜全面建成小康社会、进而全面建设社会主义现代化强国的时代。在中华民族发展史上,这个新时代就是进入全国各族人民团结奋斗、不断创造美好生活、逐步实现全体人民共同富裕、奋力实现中华民族伟大复兴中国梦的时代。在世界社会主义发展史上,这个新时代就是继续夺取中国特色社会主义伟大胜利的时代。在人类社会发展史上,这个新时代就是进入我国日益走近世界舞台中央、不断为人类作出新的更大贡献的时代。

(三)"四个服务"决定高校思想政治工作的内涵发展

"我国高等教育发展方向要同我国发展的现实目标和未来方向紧密联系在一起,为人民服务,为中国共产党治国理政服务,为巩固和发展中国特色社会主义制度服务,为改革开放和社会主义现代化建设服务。"❶ 在党的十九大报告中,习近平总书记特别强调,"加快一流大学和一流学科建设,实现高等教育内涵式发展"❷。从我国社会的主要矛盾转变来看,人民

---

❶ 习近平在全国高校思想政治工作会议上强调 把思想政治工作贯穿教育教学全过程 开创我国高等教育事业发展新局面[N].人民日报,2016-12-09(1).
❷ 习近平.决胜全面建成小康社会 夺取新时代中国特色社会主义伟大胜利——在中国共产党第十九次全国代表大会上的报告[N].人民日报,2017-11-18(1).

群众对教育的需要也发生了显著变化。教育需求将进入质量更高、结构更为合理的内涵式发展阶段。为人民服务是整个高等教育办学宗旨的核心,这就要求要坚持共产党的领导、坚持中国特色社会主义制度、实现社会主义现代化。为党的治国理政服务,既是我党倡导民主化和科学化的要求,又是高等教育新职能的体现。治国理政,要保证决策的科学性及决策过程的民主性。因此,我国高等教育机构要充当党治国理政的智库,这也正与国家繁荣哲学、社会科学的工程交相呼应。为巩固和发展中国特色社会主义制度服务,即保持对中国特色社会主义道路、理论、制度和文化的自信,进一步发展社会主义制度,推动我国社会主义大学走向教育现代化。在这一过程中,高等教育一方面要将"四个自信"深深植入大学生信念体系并辐射到成年之后,另一方面又要从"培养人才"与"知识创新"两方面为中国特色社会主义制度发展服务。要实现为改革开放和为社会主义现代化建设服务这一目标,科技与知识创新必不可少。高等教育不仅要传播知识,还要创造知识。为让高等教育更好地服务于改革创新,我国推行"双一流"建设工程,以提升高等教育机构的知识创新能力。在我们对中国高等教育客观审视及反思中发现:中国的一流大学在人才培养上似乎有许多亮点,但有的是在模仿国外大学的做法,没有中国本土文化特色,这是中国高等教育务必清醒的地方,也要尤为重视。高校思想政治工作要扎根中国大地,遵循教育发展规律,以全球视野谋划发展,坚持"四个服务"决定,坚守高校办学方向,使中国逐步成为世界高等教育的领航者。

三、新时代高校思想政治工作是坚持贯彻立德树人价值目标的催化剂

培养担当民族复兴大任的时代新人,突出立德树人,在不同的历史阶段和社会制度下,"德"亦有着不同内涵,新时代高等教育的"立德树人"也有新要求:一是要解决育人根本问题,培育青年学生政治认同,即政党认同、国家认同、制度认同等。二是要坚持立德树人中心环节,培育青年学生健全人格、道德修养。三是要实践"三全育人"的新局面,培育青年学生的社会责任、文化自信。

(一)新时代高校思想政治工作解决高校育人根本问题

"思想政治工作从根本上说是做人的工作,必须围绕学生、关照学生、服务学生,不断提高学生思想水平、政治觉悟、道德品质、文化素养,让学生成为德才兼备、全面发展的人才"❶。担当民族复兴大任的时代新人,既要有高尚品德,又要有真才实学。学生在大学里学什么、能学到什么、学得怎么样,同大学人才培养体系密切相关。目前,我国大学硬件条件都有很大改善,有的学校的硬件同世界一流大学比没有太大差别,关键是要形成更高水平的人才培养体系。高等教育改革步入"深水区",人才培养体系必须围绕为谁培养人才、培养什么样的人才、怎样培养人才这个根本问题来建设。人才培养可以借鉴国外的有益经验,但必须扎根中国大地。在中国由站起来、富起来到强起来的大命题下,中国特色社会主义高等教育必须紧扣"立德树人"这个根本任务,创新培养载体,夯实培养环节,

---

❶习近平在全国高校思想政治工作会议上强调 把思想政治工作贯穿教育教学全过程 开创我国高等教育事业发展新局面[N].人民日报,2016-12-09(1).

弘扬和培育民族精神，培养具有崇高家国情怀、强烈使命担当意识和顽强意志品格的中国特色社会主义事业的合格建设者和可靠接班人。

（二）新时代高校思想政治工作坚持立德树人中心环节

"高校立身之本在于立德树人，只有培养一流人才的高校，才能成为世界一流的大学，办好我国高校，办好世界一流大学，必须牢牢抓住全面提高人才培养能力这个核心点，并以此来带动高校其他工作。"❶推进高等教育现代化就要牢牢把握高等教育发展规律，坚持立德树人中心环节，开启新时代高校发展新征程。"全国高等院校要走在教育改革前列，紧紧围绕立德树人的根本任务，加快构建充满活力、富有效率、更加开放、有利于学校科学发展的体制机制，当好教育改革排头兵。"❷《礼记·大学》中开宗明义即讲到："大学之道，在明明德，在亲民，在止于至善。"立德树人，作为我国高校人才培养的核心价值目标，涵盖两个方面的内容，即立德与树人。立德，高校通过思想政治教育实现引导人、感化人、激励人的工作目标，形成社会主义高尚道德。树人，高校通过思想政治教育塑造和培养具有社会主义核心价值观的人。立德树人是我国高校思想政治工作的价值目标，伟大的事业需要薪火相传，用理想信念补足"精神之钙"，我们必须把社会主义核心价值观贯穿于高校思想政治工作当中。用科学理论练就"金刚不坏之身"，高校必须逐渐形成一种以德领才、以德润才、以德修身、以德服众的"四德"育人导向。师者，人之楷模，吐辞为经，举足为法。用实际行动占据"道义之巅"，贯彻立德树人的价值目标，使大学生在中国特色社会主义现代化建设中断乾坤、

---

❶ 习近平在全国高校思想政治工作会议上强调 把思想政治工作贯穿教育教学全过程 开创我国高等教育事业发展新局面［N］.人民日报，2016-12-09（1）.

❷ 习近平.在北京大学师生座谈会上的讲话［N］.人民日报，2018-05-03（2）.

取天火、铸伟业。高校教学要在课堂教学中推进教学方法改革创新，要引导各学科与思想政治教育结合，形成课程思政体系，以德施教，让大学生教育注入道德精神。将"德性操练"与"人才培养"相结合，让新时代大学生学有引领，学会做人；将"实践需求"与"追求卓越"相结合，让新时代大学生学有平台，学会做事；将"理论研习"与"勇于创新"相结合，让新时代大学生学有动力，学会做学问。

（三）新时代高校思想政治工作实践"三全育人"全新局面

习近平总书记提出，"把思想政治工作贯彻教育教学全过程，实现全程育人，全方位育人，努力开创我国高等教育事业发展的新局面"❶。在改革创新的基础上，把"三全育人"理念嵌入高校人才培养大格局中。一是全员育人。全员参与提升育人"广度"，以学生为核心，整合学校、家庭、社会多方教育力量。创新试点提升育人"宽度"，以学生为出发点，为全面提高人才培养质量作出贡献。百花齐放提升育人"效度"，整合学校教师、党政干部、思想政治工作队伍的力量，做好大学生健康成长的指导者和引路人。二是全程育人。瞄准"发力点"，构建协同育人机制贯穿大学阶段全过程，用好思想政治理论课的主渠道。打好"组合拳"，要加强"课程思政"建设，挖掘思想政治教育元素，使"课程思政"与"思政课程"同向同行。建成"辐射源"，彰显实践育人效应，强化实践育人，实现大学生自我教育、自我管理、自我服务。三是全方位育人。竞相优化教育环境，实现"七育人"机制。《关于加强和改进新形势下高校思想政治工作的意见》中进一步指出，"把思想价值引领贯穿教育教学各环节，形成高

---

❶ 习近平在全国高校思想政治工作会议上强调 把思想政治工作贯穿教育教学全过程 开创我国高等教育事业发展新局面［N］.人民日报，2016–12–09（1）.

校'七育人'长效机制,即教书育人、科研育人、实践育人、管理育人、服务育人、文化育人、组织育人,实现全方位育人"❶。新时代我国高校肩负着"创新发展、人才培养、科技强国、教育振兴"等重要使命。要在科学研究、社会服务、文化传承创新的过程中促进人才培养。凿井者起于三寸之坎,以就万仞之深。高校思想政治工作者必将用执着的信念、优良的品德、丰富的知识、过硬的本领,在师生中开展"求真学问、求真理"的科学精神教育,开展"悟道理、明事理"的道德教育,使民族复兴的时代求索得以实现。高等教育必须培养社会发展所需要的人才,培育具有中国特色社会主义特质的人才,培养文化传承、国家繁荣、制度运行所需要的人才。高校思想政治工作是铸牢立国之本、铸塑兴国之魂、铸就强国之魄的育人工程,"三全育人"构筑高校思想政治工作铸魂育人全新局面。

第二节　面向新征程的大学生精神需求结构转型研究

在新时代的历史节点上,面向新征程的社会发展中,大学生精神需求的结构转型首先是个体化转变。在大学生实践的精神需求、交往的精神需求和发展的精神需求等方面,大学生更加关注个体一致性。其次,大学生精神需求的社会化转型也在逐渐影响社会经济发展变化,"00后"

---

❶ 中共中央、国务院印发《关于加强和改进新形势下高校思想政治工作的意见》[J].社会主义论坛,2017(3):4–5.

新时代大学生诞生于网络时代，受到新媒体时代、多元文化时代的影响，他们的社会化认同的精神需求更加强烈。因此，探讨从个体化到社会化的大学生精神需求转型问题，是高校思想政治工作与精神文化建设重要的课题。

当今世界正经历百年未有之大变局。站在"十四五"规划的历史新起点上，我国各项现代化事业即将开启新的征程，这是新的机遇，也是新的挑战，关注和研究大学生精神需求的转变具有重要现实意义和历史意义。新时代大学生面向新征程有哪些现实转变，大学生会面临哪些精神需求改变，都是高校思想政治工作需要重点思考的关键课题。

一、大学生精神需求的多元化转型

从教育学、心理学角度观测大学生精神需求，我们可以用马斯洛需求层次理论分类界定。人的一生实际上是一个不断被满足、不断被认可、不断被需求的漫长过程，在产生这个心理与精神需求的过程中，马斯洛按照由低至高层次划分，将人的需求分为生理需求、安全需求、社交需求、尊重需求和自我实现需求五类，而大多数人无法满足自我实现、尊重、爱与归属的问题。[1]大学生的精神需求主要指满足大学生个体心理和精神活动的一切需要，特别是大学生在精神上的欲望和追求[2]，如大学生的自尊、个人潜能、精神上的娱乐等需求。与物质需求相比，精神需求是大学生更高层次的需求。从思想教育视角出发，我们要更加关注大学生精神需求，关

---

[1] 宋德孝.供给侧视角下高校思想政治理论课教学与大学生精神需求的精准化对接[J].思想教育研究，2020（02）：82-87.
[2] 邓远萍.大学生思想政治教育创新研究——基于美好精神生活需求的分析[J].南昌师范学院学报，2018，39（04）：51-54.

注他们的情感、道德、理想、求职等方面的心理与精神需求，感知他们内心发生的改变，帮助大学生认清精神需求的积极性与消极性，鞭策大学生追求积极健康的精神需求，理性认知消极精神需求。

　　大学生精神上的满足感来源于充实的生活和学习的积累，只有丰富他们的内心世界，才能使他们精神得到满足。因此，每个大学生都需要有自己的交友圈、生活圈及学习奋斗圈。他们知道在这个新时代、新征程中，如果不奋发进取，就有可能被时代淘汰。他们习惯追逐新奇，也同样担心未来是否能顺利毕业、应聘到满意的岗位、获得内心需求的满足感等，这既是无形的压力，同时也是动力。从生活角度来看，大学生精神需求包括个人心理需求，及追求都市网络文化等，反映出大学生内心的多元需求，既要有现实生活的友情，又要有偶像文化作为自身精神投射，继而满足理想人生的精神需求。他们还会从自身爱好和社团中找准平衡点，释放自身能量，彰显个性与才华，满足自身精神文化需求。从人生理想角度看，大学生对未来既有憧憬也有担忧。"00后"大学生更加自我，他们普遍有自我意识，清楚自己需要什么，并且能够有计划地去改变现状。这是"00后"大学生进步的一个方面，他们理性、清醒，不会妄自菲薄，也不会自负任性。从择业、就业角度看，现实生活让他们知道，时代变化迅速，对人才需求的要求逐渐提高，大学生大学毕业之后择业不能像"70后""80后"一样相对稳定与安逸，他们要提高学习能力与职业技能，终身学习成为"00后"大学生精神需求中的必选项。❶

---

❶ 高健.论实践中大学生精神文化的需求走向［J］.辽宁大学学报（哲学社会科学版），2016，44（06）：189-199.

二、大学生精神需求的个体化转型

大学生精神需求的结构转变首先是个体需求转变。目前,多数大学生渴望个人价值得到实现,个人发展顺利,他们倾向于专业与兴趣结合,在适应社会的同时,也能适应自己的精神需求,达到自我实现的终极目标。一方面,从思想信念方面看,多数大学生遵循马克思主义精神需求理论的发展规律,能够把握理想与现实的平衡标准,他们知道自觉成长的重要性。另一方面,从个体发展方面看,大学生对个体尊重、友谊、爱情、审美更加在意,多数大学生逐渐形成稳定的人格与价值观,养成良好的心理状态,也能营造和谐的情感环境。大学生面对外界的环境变化,会更加关注自己的情感变化,他们更在意自己的适应度,能否被环境接纳,能否实现自己的愿望。但是在遇到重大挑战时,他们多数能够克服困难,发挥自我优势;他们会在挫折面前迎难而上。在大学生实践的精神需求、交往的精神需求和发展的精神需求等方面,他们更加关注个体一致性,从道德、才干到求知、理想,大学生精神需求的个体化转型正在全面形成。

从国内研究数据看,"00后"大学生选择"自我实现"精神需求的人数占比最多,选择生理需求的人数占比最少。具体表现为,大一到大三,大学生最强烈的精神需求是自我实现,在所有年级中,大一学生选择"自我实现"精神需求的人数比例最大,达到52.49%;[1]不同年级的"00后"大学生的个体精神需求选择不同,社交需求是大四学生最强烈的精神需求,达到32.14%;不同层次学校的大学生在精神需求的选择上也有

---

[1] 刘钰琮,吴新林.基于马斯洛需求层次理论的"95后"大学生精神成长需求[J].青年与社会,2019(12):37-38.

所不同，但是"自我实现"精神需求仍然是最强烈的需求选择，其中独立学院的大学生选择"自我实现"精神需求的比例最多，达到55.68%，而"985""211"高校大学生此项选择比例较少，仅占38.53%。❶这表明独立学院的学生更加倾向于自我实现，他们对于个体价值的实现更加重视。调查分析显示，"985""211"高校与普通本科的学生对于"尊重需求"选择的比例为23.85%和19.56%，独立学院和民办本科的学生对于"尊重需求"选择的比例为11.93%和18.75%。❷数据反映出在文化影响、群体效应和社会责任的影响下，各类高校的学生们对于尊重的需求表现不同，"985""211"高校学生更在意外界对个体本身的关注尊重程度，普通本科、独立学院、民办高校的学生更在意自我实现的环境与需求。从性别数据分析中可以看出男女大学生精神需求选择的比例，女大学生对"自我实现"精神需求选择的人数占比51.13%，达到了一半以上；男大学生对"自我实现"精神需求选择的人数占比48.87%，这表明女大学生当前对于自我实现的精神需求更高。另外，数据显示男大学生在尊重需要和安全需要上略高于女生。

总之，"自我实现"是"00后"大学生精神需求的主导性转变，调查结果显示，除了存在毕业年级影响因素外，无论是总体趋势还是从性别、年级、院校层次，或者从其他视角出发，大学生选择"自我实现"精神需求的比例确实最高。这充分说明"自我实现"个体化需求转变已经成为"00后"大学生精神需求的主导性转变。这十分符合马斯洛需求层次理论，当大学生的低级需求得到满足或者部分满足之后，他们的高级需求就会出现并作为他们的主导性精神需求。在不同维度下"00后"大学生精神需

---

❶ 凌石德. 论当代大学生的精神需求［J］. 湖北社会科学，2014（10）：161-165.
❷ 同❶.

求有所转变。首先,从年级维度看,毕业年级的大学生对"社交需求"的选择占比最高,主要因为毕业年级学生面临就业择业,未来需要面对社会的复杂环境,大学生们急需提前适应复杂人际关系,与社会建立连接,这就决定他们在社交方面的精神需求选择上更加突出。其次,从学校这个维度看,独立学院的大学生"自我实现"精神需求的选择比例最高,这说明独立学院对大学生追求更高精神层次的培养效果提高。最后,从性别这个维度看,女大学生对于"自我实现"精神需求的程度要高于男大学生,而男大学生在其他方面的精神需求则全高于女大学生,表明女大学生对于"自我实现"精神需求非常强烈。基于以上调查分析,"00后"大学生对于实现个人价值、发展自身潜能有着强烈的精神需求,期望实现自我,这是新时代大学生的鲜明特点,也是新征程中大学生的时代特征。我们要充分肯定大学生这些精神需求的转变,积极配合引导大学生精神需求的结构转型,为大学生营造良好成长环境,为大学生提供实现自我的平台,但同时也要规避大学生精神需求的自私化,鼓励大学生个人追求与国家社会发展同向同行。

三、大学生精神需求的社会化转型

大学生精神需求结构转变的另一个方面是社会需求转变。从大学生受社会活动影响方面看,他们也存在功利思想、对未来规划不清晰等问题。大学生精神需求存在社会化转型的趋势,这对大学生形成健全品格、促进全面发展有着重要影响。从积极方面看,大学生作为一个特殊群体,是中国特色社会主义现代化各项事业的后备军,是国家未来建设的中流砥柱,当代青年大学生担负着民族复兴的伟大使命。从消极方面看,部分大学生精神需求也存在一些明显的问题,有些学生极力追求个人利益,学习浮躁,以自我为中心,社会性差等。个别学生在网络上也发表过不良言论,但是这些绝不能成为新时代、新征程中大学生的主流。实际上,大学生的精神需求社会化转型是时代所趋,大学生受社会进步、国家发展影响,会不知不觉中形成与国家需求、社会需求一致的理想追求。有数据显示,中国大学生中每年入伍参军人数逐年增加,这也充分体现了大学生用实际行动展现自我实现的精神追求,他们爱国报国,用青春热血来践行理想。因此,高校要高度关注大学生精神需求社会化转型特点,培育大学生健康积极的心态,满足大学生精神需求。

当代的大学生身兼重任,肩负着国家事业与民族未来的责任,大学生面向新征程中的历史责任、社会责任、时代责任都史无前例地艰巨。大学生逐渐走向成熟理性,他们自律、自知、自信、独立、坚强,并负有时代担当,他们在重要的人生阶段,应坚持为实现远大理想和人生的美好境界而努力奋斗。因此,高校要积极培育大学生,使其形成高层次的精神需求。无论是个体化的精神需求转型,还是社会化的精神需求转型,都在适应着国家与民族的发展建设,重视大学生精神需求结构转型,这是高校思想政治教育的重要任务。

第三节 就业视域下大学生思想政治工作研究

高等学校承担着现代人才的培养任务。面对巨大的就业压力,作为高等教育重要组成部分的大学生思想政治工作,应立足大学生个体的全面发展,结合社会现实,积极探索新的工作方法,以全新的思想促进学生思政工作的开展,提高工作的实效性。

随着我国高等教育的普及，在校大学生数量急剧增多，毕业生就业难度不断加大，都让我们深刻认识到加强和改进大学生思想教育的重要性。❶面临新形势、新任务，加强、改进和创新高校大学生的思想政治工作，是当前高校教育工作者面临的一个新课题。中共中央、国务院在《关于进一步加强和改进大学生思想政治教育的意见》中也指出："加强和改进大学生思想政治教育工作是一项重大而紧迫的战略任务。"

一、就业视域下大学生存在的问题

学习压力大，就业压力更大。为了适应社会需求，很多高校采取"3+1"或"2+1+1"的培养模式，四年的理论课压缩到三年或两年半的时间里完成，虽然对知识进行了一定的整合、压缩，但学习的任务加重了，学生在时间和心理上都应该是比较紧张的。但是，部分大学生却松松散散，对学习不尽力，不愿意上课，逃课现象时有发生，学习成绩不合格，毕业时拿不到毕业证、学位证的学生人数不断增加。就业时，由于学业成绩差，无法达到企业对人才的学业要求，多次求职不成，造成就业难现象。

（1）重视理论学习，忽视实际训练。为了适应社会需求，提高大学生的能力素质，很多高校都加大了对实践教学的重视程度，在人才培养方案中增加了实践课程的学时和学分，采取多种措施培养大学生的基本技能。但是，部分大学生却重视理论学习，忽视实际训练，在实验

---

❶ 谢婕.试论创新高校大学生思想政治教育工作［EB/OL］.（2009-09-24）［2020-11-11］.http//youth.sdut.edu.cn/news/39/836.html.

课、见习、实训中缺乏主动性、积极性，没有明确的训练计划和目标，随心所欲，毫无收获，个别大学生甚至高分低能，说得头头是道，实际操作一塌糊涂。就业时，无法达到企业对人才的能力要求，造成就业难现象。

（2）重视自我锻炼，轻视团队建设。为了适应社会需求，提高学生的综合素质，高校大学生教育管理与服务部门建立了很多团队，开展了丰富多彩的主题实践活动，目的是给大学生提供锻炼的机会，提高大学生的综合素质，大学生参与的积极性很高。但在实际过程中，有些大学生只重视自我锻炼，轻视团队建设，功利性比较强，对自己能力锻炼作用大的积极参加，涉及团队建设、为他人和集体服务的项目就表现得很淡漠。就业时，由于工作能动性达不到企业要求，造成就业难现象。

（3）自我保护意识强，诚信意识缺失。面对企业，大学生缺少足够的信任，刚刚进入企业的大学生，对于企业的用人机制缺少足够的耐心，把企业对大学生的考察、锻炼看成企业对人才的不重视，表现为自我保护的意识过强，有些大学生因为这个原因，连试用期都很难通过，成为职场上的"闪离族"。为了实现所谓的个人价值，不能信守自己对企业的承诺，这种对企业的不信任，也在一定程度上造成大学生诚信意识的缺失。企业投入很多的财力、物力培养大学生，而大学生却不能信守承诺，不顾企业的感受，造成企业对学校、大学生的不信任，恶性循环，造成就业难现象。

（4）注重眼前利益，忽视长远发展。部分学生择业看重的是待遇、工作环境、工作强度、工作地点，往往看重的是眼前小利益，而忽视了诸如企业未来发展、行业竞争力、自我锻炼机会、团队建设等长远发展；更有学生缺乏社会责任感，不知感恩，不思进取，主观上造成就业后的稳定性差，个人发展后劲不足。

二、产生问题的原因

由于扩招,高校学生人数急剧增多,学生学习能力、综合素质下降。从1999年高校扩招,"精英教育"已经转向了"大众教育",每年都有600多万高校毕业生走向社会,加入求职大军的行列中,成为普通的劳动者。这些大学生素质参差不齐,其中一部分不能认同普通劳动者的社会角色,个人对就业岗位期望值高,造成社会需求、个人意愿的不对接,造成企业招不到合适的人才,大学生找不到满意的工作,确实是一个很尴尬的局面。

(1)高校本身人才培养指向不明,缺少明显的特色,毕业生竞争力不强。由于高等教育在人才培养过程中缺乏与社会现实的有机结合,高校本身在制订人才培养方案的过程中,缺少对社会相关行业的深刻调研,使得高校在人才培养过程中指向性不明,缺少明显的特色,大学生没离开校门,所学的知识就已经落伍了,又何来行业竞争力,就业难也就在所难免了。

(2)学校思想教育方法比较单一,形式单调,效果不明显。在高等学校人才培养过程中,大学生思想教育管理与服务部门都会组织大学生开展思想激励与教育活动。但是,由于大学生人数多,管理人员缺乏,往往思想教育方法比较单一,形式单调,在一定程度上影响了思想教育的效果。

(3)企业跟风抬高用人门槛,客观上造成人才浪费,大学生就业难。有些企业错误地认为,企业需求就是市场要求,企业的用人标准就是社会标准,人才层次越高越好。有些企业在制订用人计划时,没有客观地分析岗位需要,而是盲目地攀比学历,不仅造成了人才的浪费,还可能形成一部分人才的高能低就,心理落差大,稳定性当然也会很差,而合适的人才却很难找到与之相匹配的工作。

（4）社会大环境影响，客观上造成个别大学生理想信念模糊，世界观、人生观、价值观有些扭曲。受社会大环境的影响，这些大学生对社会现实的认识存在误区。同时，他们也没有树立正确的世界观、人生观和价值观，在学习和生活中个人利益考虑得较多，有金钱至上、物质第一的思想，缺乏社会责任感和全心全意为人民服务的意识。

三、做好大学生思想政治工作的有效途径

（1）制定一套完整的大学生思想教育、德育考核体系。大学教育是一种成才教育，要使学生成长为适应社会发展的人才，首先要抓好学生的"成人"教育，应该像注重文化课考核那样注重学生的德育考核。从大学生的日常表现、待人接物、遵章守纪、社会活动、社会实践等方面对学生进行综合评定，提示大学生重视自己行为习惯的养成，塑造良好的个人品行，帮助大学生树立正确的成才观。德育考核体系的构建，应该由高校党建工作研究部门、学生教育管理部门、大学生就业指导部门、二级学院等相关部门共同探讨，达成共识，从不同侧面共同对学生实施教育，考核注重过程的积累，每学期期末给出量化成绩和文字评语，在大学生的评优评奖中发挥作用，激励学生注重个人德育培养，提高综合素质。

（2）实施辅导员、学业导师、任课教师联动机制。辅导员、学业导师、任课教师在大学生教育培养中起着不可替代的作用。辅导员是大学生思想政治教育工作的主要力量，对大学生的思想状况了解最多，最能够把握学生的思想脉络，能够给大学生提供最为直接的帮助。但是，辅导员多数是新入职的年轻教师，虽然有很高的工作热情，但社会经验、工作阅历还不

多，在大学生职业生涯设计、专业学习、就业指导等方面还存在薄弱环节，这就需要实施辅导员、学业导师、任课教师联动机制，学业导师在大学生认识和了解所学专业的内涵、专业发展前景、学习方法等方面给予学生具体的指导。任课教师则结合具体的学科教学，对学生学习过程中出现的具体问题给予指导，大多是解决一人一事的具体问题。由于学业导师、任课教师具备良好的学识，且这种指导是真诚的，大多数时候都能得到学生的认可，他们的指导也是很有效的。实施辅导员、学业导师、任课教师联动机制，能够准确地把握学生的思想脉搏并施以具体的有效指导，对于思想政治工作的成效是非常好的。

（3）改善思想教育的方法，充实思想教育的内涵。思想教育的难点在于使被教育者接受施教者的观点，并按照施教者的指导去改变自己思考问题的习惯，进而在行动上产生变化。现在高校的大学生基本是"00后"，这一代人普遍的特点是多才多艺，自我欣赏，比较固执；经得起表扬，听不了批评，受不了挫折，比较脆弱。面对这样一群大学生，要追求思想政治工作的最佳效果，总的原则应该是"变管为导"，不能单纯地说教。首先，对学生要宽容。宽容是一种修养，一种胸襟，一种力量，更是一种教育。只有宽待学生，才能全面、客观、公正地评价学生，对其表扬或者批评不会出现"一偏之见，一偏之论"。教师要与学生保持一定距离，爱而有度，威而不严，要能赢得学生的尊重，学生自然也就听其言、信其道了。其次，要坚信沉默是金。学生的许多过错是微不足道的，是成长过程中必须经历的，是一过性的，他们犯错的时候，其实也正是他们发觉、认识到过错的时候。教师要注意理解学生成长规律，不要次次批评，使学生产生厌烦情绪，造成师生关系紧张，容易使学生形成逆反心理。最后，坚守攻心为上的策略。兵法云："用兵之道，攻心为上，攻城次之；心战为上，兵战次之。"管理学生，当以疗治"心病"为本，让学生从内心明白是非曲直，从而约束自己的言行，才是上策。攻心、找准"病根"，是一种能力，不仅需要教师有丰富的工作经验，有阅人无数的阅历，更要有丰富的知识，准确的分析、解决问题的能力及创造能力。以上是几种思政工作的方法，在注重思想教育方法的同时，还应该充实思想教育的内涵，教育的内容应该是鲜活的，既要结合社会发展的现实，又要贴近大学生的生活实际，选择恰当的载体，避免干巴巴、条目式的说教。❶

（4）切实提高思政课、就业指导课的教学效果。思政课、就业指导课在高校的教学体系中，地位很复杂。有人认为很重要，因为这样的课程教给大学生方法论，帮助大学生形成正确的价值观，进而形成正确的人生观；也有人认为其实没那么重要，因为许多这样的课内容陈旧，方法单一，大学生不感兴趣，教育作用发挥得不好，所以可有可无。实际上，思政课、就业指导课在大学生成长、成才、就业的过程中起着至关重要的作用。问题在于，如何提高这些课程的内涵，提高课程的吸引力，让大学生感兴趣。这同样面临两个问题：一是教学内容的问题，要求教师理论功底要厚重，既要有广博的知识面，又要有鲜活的例证，教学中能做到说理清晰，旁征博引，联系学生实际；二是教学方法的问题，讲述只是方法的一种，更多地应该采取研究性、探究性学习方法，案例分析方法等，让学生参与学习的过程，而不是只当听众。

（5）实现就业指导的全员化、全程化、个性化。由于我国还没有建立起完善的大学生就业制度，因而大学毕业生就业出现了竞争激烈的严峻局面。但是，这种严峻的就业局面是结构性的、不均衡的。作为培养人才的

---

❶ 高顺喜.七大"兵法"管理学生［EB/OL］.（2004-12-16）［2020-10-12］.http//jxgl.fimmu.com/Article/ShowArticle.asp?Ar-ticleID=1976.

高校，应该加强对大学生的就业指导，努力实现就业指导的全员化、全程化、个性化，帮助大学生实现充分就业，提高就业质量。首先，实现全员化指导。从学校层面来说，应该以大学生为中心，建立职能部门、院系领导、辅导员和专业教师协调工作的指导体系，形成多层次、全方位、全员参与、齐抓共管的局面。要切实落实校、院两级"一把手"工程，党政领导齐抓共管就业工作，辅导员、学业导师、任课教师齐心指导，各守本分，落实责任和指标，真正做到就业指导人人参与，人人肩上有指标。其次，实现全程化指导。就业指导一定从新生入学开始，随着学业的深入，就业指导要不断深化。一般来讲，大一阶段应侧重职业生涯规划指导，帮助学生充分认识自己，了解职业，了解社会对人才的需求状况，培养学生的职业意识，指导学生规划四年的大学生活，确立职业理想；大二、大三阶段应侧重职业拓展训练，引导大学生在加强专业学习的同时，进行职业体验，提高个人综合素质，为在激烈的竞争中实现职业理想打下坚实的基础；大四阶段则侧重在就业形势、政策咨询、求职技巧、心理调适、升学与创业、信息服务等方面进行指导，为毕业生求职创造一个良好的外部环境，帮助大学生实现顺利就业。最后，实现就业指导个性化。因为大学生的家庭背景，学习成绩、个人综合素质、性格特征及个人的择业兴趣、标准都不一样，就业指导就不能"一刀切"，应该因人而异。作为指导教师要特别熟悉大学生的具体情况，对大学生开展一对一的就业指导，帮助大学生正确定位，找到与自己知识、能力、兴趣相匹配的工作。❶

总之，在目前社会环境下，高等学校不仅承担着现代人才的培养任务，还承担了在激烈的就业竞争中指导、帮助大学生顺利就业的重任。大

---

❶ 党宇琦．全程化全员化就业指导的思考与实践［J］．成功（教育），2010（8）：274-275.

学生的思想政治工作在促进大学生全面发展，使大学生成长为社会需要的人才过程中是一个指挥棒，学校的方方面面都应该发挥作用，真正实现全员育人、全程育人，促进大学生健康、和谐地成长。

第六章

全过程多层面育人理论与实践

第一节 大班教学环境下高校思想政治理论课多维互动教学模式探索

目前高校思想政治理论课正在面临网络信息化的井喷式挑战,在大班的教学过程中,思想政治理论课教师也面临网络时代大学生的新型挑战,思想政治理论课的教学模式势必要迅速转型,及早探索大学生接受思想教育的新型模式,多维互动教学模式可以提高学生参与率,提高教学质量,提高思想政治理论课的教学效果。

一、思想政治理论课现状

思想政治理论课是大学生进入社会前在校期间最为重要的思想教育课程,是思想政治教育的主渠道。由于高校生源的扩充,思想政治理论课的课堂由原来的单班教学变成多班教学，学生的班级增多，人数增多，管理难度增大，思想政治理论课也出现了大课堂教学的问题。但因教学资源有限，大班教学也成为高校无奈之下的选择，只有通过有效的教学改革，才能适应大班教学的新模式。信息化的冲击和手机文化的崛起对高校思想政治课堂的挑战越来越明显，思想政治理论课的教学改革也势在必行。解决好大班教学与网络信息冲击的问题，思想政治理论课程的教育改革效果才会突出与显著。❶

大班教学环境下传统教学模式面临如下的现实问题：一些思想政治理论课教师在过往的课堂中，侧重于知识点的传授，专注于讲而非分享，课堂过程中表现刻板，互动交流甚少，学生主动学习的热情未被有效激发与调动。笔者根据多年的教学调查统计，详细分析了目前高校思想政治理论课堂中普遍存在的问题。

一是教学方式单一。有些思想政治理论课教师很少采用多元互动教学方式调动学生，学生在听过一至两节课程后基本熟悉了教师的授课方式，一种学生是在课本中求学，另外一种学生是在课本外游走，比如手机占据了学生全部的课堂时光，学生的思想"飘"出课堂，传统教学模式并未笼络学生的心。

二是学生参与课堂的时间较少。有些授课教师未能将学生作为课堂教学的主体来看待，教师只在讲台前方讲，90分钟的课堂教学，教师疲惫不堪，学生收获甚少。所以在课堂中还是应该积极采用互动教学，来提高课堂教学质量。

三是实践环节缺乏。理论讲授过多，实践参与过少，也是突出问题。

---

❶ 易明芳.大班环境下高校思想政治理论课多维互动教学模式的构建［J］.教育教学论坛，2013（13）：72–73.

真正的教学应该是鼓励学生参与实践，在实践中活学活用，在实践中体悟哲学道理，在实践中总结发展。

四是学生学习态度不端正。学生受到手机网络的强大吸引，难于埋头苦学，多数学生认为思想政治理论课是休闲课，不是专业课，态度不端正，课堂参与提不起精神，这也是目前课堂中的突出问题。

可见，改变古板教学模式，实行多维互动教学模式是提高思想政治理论课教学水平的必然选择。

二、思想政治理论课多维互动教学模式的现实价值

（一）有利于进行充分的思想政治理论课教学改革

高校教师在思想政治理论课教学中，最终期望实现的目标是思想政治理论课能够成为大学生人生引领、思想成熟的基石，成为理想目标实现的助推器，这也是所有高校思想政治教师为之探索研究的关键点。可是现实教学环境却不尽如人意，迫切需要寻找一个稳定的切入点，重新点燃学生学习思想政治理论课的热情，调动学生学习的主动性，并将单向交流转变为双向交流、交叉交流，营造良好的教学环境。因此，在课程中实施多维互动教学模式，是解决传统教学课堂问题的重要关键点。

（二）有利于提高学生的"抬头率"与参与率

有数据显示，高校思想政治理论课的教学效果差强人意的原因是学生数量增多，大班教学环境下教师与学生之间的距离拉大，互动较难开展。但是，根据实践研究，这并不是教学效果差的主要原因，主要还是

缘于授课教师方法单一，不能及时转变教学模式，无法提高学生"抬头率"。教学模式单一使学生参与率过低，学生听与不听没有明显的区分度和识别度。教师只重视教的内容，不重视教的方法，虽然内容重于方法，但是方法确实是内容有效传授的载体，教师所利用的载体越有限，学生的活跃性越低。因此，要转变大班教学模式，实施多维互动教学模式，让学生成为课堂主导，真正让高校思想政治理论课"活起来"，充分调动起学生每一根神经，参与到思想政治理论课的教学中，教师负责引领，学生负责探索，教与学互相督促，这也是利于教师迅速成长的新型教学模式。

（三）有利于提高教学的实效性

思想政治理论课本身的内容理解应该是学生本人根据课程要求自发地思考、判断、探索、总结。教师所授课程的讲解也不应该是教师主观的输入，更应是内容上的多角度分析，引导学生从不同维度思考问题，提升学生思考力、判断力。如果教师仅是自以为是地讲授，学生个人理解的水平参差不齐，很难全员跟进课堂的节奏，与教师产生共鸣。大班教学中，这种一言堂的教学模式是不可能产生真实有效的教育效果的。教育部进行的高校思想政治理论课的新课改，其目的之一就在于提高思想政治理论课教育的实效性。而实施创新型的多维互动教学模式，正是一种增强思想政治理论课教育实效性的教学模式。

（四）有利于搭建师生的友谊桥梁

亲其师，信其道。教师的个人魅力需要有效的教学方式得以充分体现，优秀的教师能得到学生的广泛认可，课堂教学效果实现良性循环。思想政治理论课本身具备教师发挥教学专长的巨大空间，但教师在课前的充分准备离不开课堂设计，多维互动教学模式可以提供给教师巨大的想象空间，设计教学互动环节，学生在课堂学习过程中能够亲切地感受到教师的个人魅力，领悟到教师所教授内容的精髓。在互动教学中师生间通过思想交流、精神交流、心灵交流可以建立师生友谊。多维互动模式更加需要师生在互动间创造摸索，形成学生参与教学活动的创造力增强，教师引导学生互动授课的自信心增强的局面。

三、大班教学环境下多维互动教学模式探索研究

（一）课内教学层面

思想政治理论课教师在实际课堂教学中，要积极采用多维互动教学方式。自学期伊始，可设计大班教学小组的团队活动，首先采用学生自然分组、随机分组等形式组合团队，通过团队命名、团队队员展示赋予学生思想政治理论课的归属感，然后再通过主题演讲、课程微分享、微讨论、微论坛、模拟角色扮演、专题报告会等多样活动，调动学生的参与热情。引导学生主动参与、主动提问，一个人的问题大家一起解决，在课堂上形成学生与教师、学生与学生的互动局面。以下对三种教学模式进行说明。

一是模拟角色扮演式教学法。模拟角色扮演是一种学生参与热情较高的教学方式。教师在课前应准备充分的课程材料，鼓励学生参与到表演中，学生参与表演更加身临其境，理解思想政治课程中的重要内容，并形成自我认知，学生之间的互动所得更加真实。教师在学生角色扮演前讲解扮演的角色和扮演的故事细节，预设一些关键问题，给扮演的学生提供思考的关键点，将学生引入情景拓展互动空间，增加学生参与的

兴趣，优化课堂教学效果。

　　二是案例讨论式教学法。案例讨论是思想政治理论课比较受欢迎的教学新模式，教师与学生共同参与研讨，学生可问教师，教师可问学生，一同答疑解惑，形成一种开放、互动、合作的新型教学模式。在讲到爱国主义民族精神时，教师可引入实践案例鼓励学生实地考察，学生在考察后也可针对性地提出问题；在讲解法律部分时，更可选择贴近学生学业、生活的案例，使学生加深对课程内容的理解和掌握。教师可以结合教材的重点、难点和社会热点问题确定某些选题，也可结合学生的兴趣来组织选题，组织学生进行专题讨论，这样有益于激发学生学习兴趣，有助于实现师生之间的互动，还可促进学生独立思考，提高其分析问题和解决问题的能力。另外，教师在学生讨论的过程中要积极引导学生，并在讨论结束后认真总结。

　　三是主题演讲式教学法。主题演讲是指结合每堂课的主要内容进行有准备的演讲。目前高校政治理论课的课堂容量都在100人左右，有的班在150人以上，如果每个学生每堂课都参与演讲是不现实的。思政课教师可以采取化整为零的办法，即在学期初就根据课程计划把学生划分为10人一团队。比如，一学期45学时，每周一次3学时，这样就可以把3~4个班级（一个班在40人左右）合上的大课堂分成12~16个团队，每个团队自领任务、自命主题负责一周的主题演讲，演讲的主题可选择与教学大纲紧密结合的社会现实问题。演讲形式可分集体部分和个人部分：集体部分的形式包括一周新闻评述、社会热点等，个人部分是由团队推选出一人结合本节课的主题进行模拟讲课，其他时间可以参与别的团队设计和组织活动。这一教学方式有助于提高学生学习的积极性，以及口才、思维能力、自信心等。教师还可结合课程的内容，选取时效性强的社会热点、焦点问题，举办专题演讲和辩论赛活动，让学生积极查阅资料，撰写演讲稿，这种方式一方面提高了学生学习的兴趣，另一方面也增强了学生的思辨能力，更好地促进教学目标的实现。

（二）课外教学层面

教师为进一步扩大与学生互动交流，回答他们各种即时困惑，除组织学生课内展示、课堂表演、课堂参与，还可把思想政治理论课教学从课堂内延伸到课堂外。

一是多元信息化交流。多元信息化交流指的是通过网络关口把握师生互动的关键方式。大班教学环境，教师少学生多，无法达到人人一一作答。学生上课有了问题，教师有了灵感，但是课堂时间有限，教师可使用手机微信、QQ、E-mail 等与学生进行课堂外交流。教师还可以自己开通微信公众号，建立交流平台进行答疑、交流、讨论，指导学生参与社会实践，讨论社会热点话题，便于教师实时掌握学生思想动态，引领学生积极地思考热点问题。

二是丰富的社会实践。社会实践可以结合团中央的社会实践要点，结合关键时间点开展大学生社会活动，教师可以根据课程内容与国情、民情的交汇点设置活动方案，鼓励学生进行社会实践，积累实践经验。开展形式多样的大学生社会实践活动，把思想政治理论课教学从课堂内延伸到课堂外，引导学生走出校门，深入基层，通过参观学习，促使学生正确认识社会现象，在实践中加深对所学理论知识的理解，真正使学生融入社会。积极引导大学生服务社会，使学生在了解社会的过程中，奉献社会、服务社会，把自己在学校学到的科学文化知识传播给社会，从而增强当代大学生的社会责任感和使命感。

第二节　大学生党的理论知识学习教育探索研究

在高校大学生中进行党的理论知识学习教育，是新时代高校党建工作的重要内容。高等院校作为培养和造就社会主义接班人的重要阵地，必须进一步加强在大学生中开展党的基本知识教育工作，这对高校大学生思想政治教育工作有着重要意义，培养大学生具有政治敏锐性，了解党的基本知识，认识党的历史，围绕党的理论知识教育培育大学生，也是新时代高校党建工作的重要任务。

当前，各高校虽然比较重视对大学生进行党的理论知识学习教育工作，但是教育工作大多具有零散性、阶段性的特点，缺乏全面性、系统性和持续性，教育效果也不是十分明显。一些学生对党的理论知识学习教育知之不多，理解不深，个别学生还存在着错误的思想观念。高等院校作为培养和造就社会主义事业接班人的重要阵地，必须进一步加强在大学生中开展党的理论知识学习教育工作。

一、大学生理想信念的培育是大学生党员实现先进性的迫切需要

党的先进性是党的生命所系、力量所在，事关党的执政地位的巩固和执政使命的完成。从具体问题出发，在大学生精神价值观中构建科学"三

观"显得尤其重要,即引导大学生树立崇高的理想信念,激励大学生树立远大的人生目标,教育大学生坚持正确的价值取向。❶大学生党员要真正成为大学生队伍中的榜样和模范,不仅要在思想认识上成为先锋,更要在日常学习、生活、工作中率先垂范,认真履行党员的责任和义务,为周围同学树立榜样,成为大学生队伍中的榜样和模范,成为一个合格的共产党员。

二、建立大学生党的理论知识学习教育长效机制的几点做法

(一)进一步实施大学生党的理论知识学习教育工程,不断提高大学生整体素质

实施大学生党的理论知识学习教育工程,要与加强高校"思想政治理论课"教育结合起来。❷高校的"思想政治理论课"是青年大学生学习习近平新时代中国特色社会主义思想的主渠道。要充分利用党校、青年马克思主义培养体系、党章学习小组的宣传阵地,营造良好的理论学习氛围,帮助大学生党员从更高的理论层次上理解马克思主义与时俱进的理论品质和勇于开拓进取的时代精神,从思想深处牢固树立起中国特色社会主义"四个自信"。

(二)在大学生中开展党的基本知识再学习活动

首先,要充分发挥校园网络的积极作用,在校园网络中建立大学生党

---

❶ 蒙秋明.试析科学"三观"在大学生精神构建中的作用.学校党建与思想教育[J].2006(10):29-30.

❷ 中共中央、国务院关于进一步加强和改进大学生思想教育的意见[N].人民日报,2004-08-26.

建知识网络，内容应涵盖思想教育、工作制度、组织生活、党员管理、理论园地、特色活动、心理咨询、BBS论坛等，通过专题报告、专家讲座、党员座谈等形式，广泛开展党的基本知识再教育。其次，党校不仅要培养入党积极分子，还应该把更多的精力放到党员的再教育上来。依托党校，通过举办培训班的方式，每个学期对学生党员进行集中教育。培训的内容主要是党的基本理论和方针政策、党的优良传统和作风等，使大学生党员进一步明确怎样做一名合格的共产党员，增强党性修养和加强党性锻炼。

（三）开展榜样示范教育

组织大学生认真学习公仆楷模等模范事迹，用身边的事教育身边的人，用身边的人激励身边的人，让他们从先进模范人物的身上找出自己的不足，进而明确努力方向。

（四）积极挖掘各种教育资源，开展党的理论知识学习教育，实现教育途径的多样化

采取多种途径对大学生开展党的基本知识和基本理论的教育，是新时期高校学生党建工作的需要。要在抓好党校教育培训工作、党团组织生活和日常培养教育工作的同时，积极挖掘各种教育资源，探索其他教育形式，不断促进教育培养工作的持续、稳定和纵深发展。保持共产党员先进性，是一个永恒的课题和永久的任务，要靠教育管理，靠内在修养和自省，更要靠制度和机制，尤其是长效机制的保证。❶高校建立健全学生党员教育管理的长效机制，要坚持从自身实际出发，积极探索符合党

---

❶ 胡斌武.学校德育制度十年：问题与走向［J］.学校党建与思想政治教育，2006（3）：16-17.

员思想活动变化规律的新机制；要注意强化制度的落实机制，不断强化约束与激励广大学生党员自觉遵守制度，从而达到党员长期受教育，永葆先进性的目的。

第三节 大学生党支部队伍建设的思考与实践

大学生党支部是高校的基层党组织，本节通过对大学生党支部建设工作的分析，阐述新形势下如何加强和改进大学生党支部建设，以及加强和改进对大学生党员继续教育的建议。随着高等教育的不断发展，大学生党员正逐渐成为中国共产党新生力量的重要来源，高校大学生党支部是大学生党员教育管理的最基本单元，也是对学生党员进行教育管理的最直接、最有效的载体。大学生党支部的建设成果直接影响学生党员常态化的培养和教育，肩负着培养社会主义建设者和接班人的根本任务。

一、大学生党支部建设的重要性

大学生党支部是依据党章而设立的基层组织，在高校中具有十分重要的地位，是党在高等学校的组织基础，是党在高等学校的战斗堡垒，是高校学生组织的政治核心。青年大学生是祖国的未来，大学生党员是青年大学生的优秀代表，加强在大学生中发展党员工作和改进大学生党支部建设，是充分发挥党的政治优势和组织优势、做好大学生思想政治教育工作、培养和造就高素质人才的迫切需要，对于实施科教兴国战略和人才强国战略，确保中国特色社会主义事业兴旺发达、后继有人，具有重大而深远的战略意义。

二、大学生党支部建设中面临的问题

（一）大学生党支部的设置相对滞后 ❶

高校的思想政治宣传教育工作会使越来越多的大学生积极向党组织靠拢。随着入党积极分子的不断增加，大学生党支部日常管理的工作量与日俱增，给组织发展、开展活动带来挑战。

（二）大学生党支部工作人手不足

随着大学生党员队伍的不断壮大，虽然学生辅导员和学生党支部书记人数也相应增加，但差距仍较大，这影响到大学生党支部工作的细致性和准确性。目前大学生党员教育管理工作绝大部分由学生辅导员和团务工作者负责，但他们往往身兼数职，造成党务工作人手不足。

（三）大学生党员素质需整体提高

大学生党员规模的迅速扩大，如何保持党员发展的质量和数量，保证党员的先进性，这些都是基层党组织所面临的新问题。

---

❶陈优生，曾峥.党支部建在班上的理论与探索［M］.广州：广东高等教育出版社.2003：75—76.

三、大学生党支部建设中的创新举措

解决上述问题的关键是组织机构、制度的完善与教育形式的灵活创新，即学生党支部建设的创新[1]。以大庆师范学院为例，学院结合自身实际情况，克服困难，在实践摸索中开拓创新，针对大学生党支部建设、大学生党员的教育和管理工作采取了一些措施，取得了一定成效。

（一）加强对支部建设的领导和指导

一是上级党组织要确实担当起领导责任，两级党组织领导干部还应深入大学生党员当中，经常给广大大学生党员上党课，了解支部的工作和学生党员的思想状况，适时进行有针对性的指导和教育，对学生进行言传身教。二是给大学生党支部配备专门的指导教师。指导教师要肩负起指导支部建设、发展党员、开展形式多样的组织活动的责任，通过开展丰富的政治学习和组织生活，积极拓展学生的学习领域，激发学生的学习兴趣。

（二）建立健全支部制度建设

首先，要完善支部自身在职能分工、成员合作、会议、学习、开展活动等方面的规章制度建设。其次，要规范教育、培养和发展党员的制度。具体来说，要建立党员定期思想汇报制度、党员联系制度、民主生活会制度、民主评议党员制度等，并加大制度执行和程序检查的力度，使党支部建设走上规范化和科学化道路，为保持组织的生机活力和健康发展提供坚强的制度保障。

---

[1] 臧晨松.高校大学生党支部建设存在的问题及对策分析[J].河北农业大学学报（农林教育版），2002（2）：19-21.

（三）创新活动形式，丰富活动内容

大学生党支部的教育活动必须紧紧围绕青年学生自身的成长特点，不断创新，实现规范化与多样化相结合。例如，定期举办社会热点问题讨论，开展社会调查或公益服务等活动，使大学生党员在兴趣中获得知识、在实践中掌握理论。在活动载体方面，可采用多媒体手段提高学生党员学习的积极性，如可以利用网络及通信软件工具在互联网上开展理论知识的学习讨论，以及基于网络的学生自主探究式学习，尝试开展网络组织生活会等。

四、对大学生党支部建设的再思考

（一）努力创新大学生党组织的设置，适应新时代高校快速发展的要求

随着时代的发展，特别是高校教育教学改革的不断深入，大学生党组织建设遇到了一些新问题，如大学生管理体制多样化，大学生住宿分散化等。这种情况下可以尝试把支部建立在社团组织、宿舍，成立临时支部[1]，以增加党组织的覆盖面，增强党组织的影响力。

（二）进一步探索更加适合当代大学生特点的组织生活

党员的教育和培养要依托一定的载体来进行。在设置理论学习内容时，要考虑大学生党员不同年级、不同专业的情况，从实际出发，因人施教。在具体的组织形式上，应根据当代大学生的思想特点和社会热点，激发学习兴趣。

---

[1] 中共华中科技大学委员会.坚定不移地将支部建在班上［J］.中国高等教育，2003（22）：5–6.

(三)充分发挥信息网络技术优势,不断拓展学生党建工作空间

把网络作为展示大学生党建工作的窗口和党组织与学生思想交流的渠道,定期将党支部近期焦点事件和身边优秀党员风采通过网络向师生公开和宣传,激发学生的学习欲望。可以利用微博、微信等平台,建立基层支部的宣传窗口,通过党建公众号,形成党建网络宣传阵地。在微信公众号中,大学生党建有很多可以开展的活动内容,如学党史、学生诵读、学习先进优秀党员事迹等。

附　录

附录1　大庆师范学院机电工程学院"一传二融三全"育人工程典型案例

党的十九大召开以来，习近平总书记深刻指出，教育改革要坚定文化自信，好的经验要坚持，不足的要补齐。中国要强盛、要复兴，就要努力发展教育，培育更多人才。培养优秀人才形势逼人、时代挑战逼人、使命责任逼人，所以，高校基层学院要把握大势、抢占先机，直面问题，迎难而上。大庆师范学院一直秉承大庆精神办学、铁人精神育人的理念，校训为"自强不息、臻于至善"，这些浓郁的地域文化特色和校风凝结成属于大庆师范学院独特的大学精神。二级学院机电工程学院为工科学院，以理工科知识教育学习为主，长期以来文化素养教育并不突出，鉴于此，大庆师范学院机电工程学院（以下简称"机电工程学院"）在育人工程设计上有效汲取了中华传统文化精华，把握好用马克思主义理论和中华优秀传统文化育人的重要内容，用先进理论与文化经典丰盈大学生精神世界，使其努力成为国之栋梁。因此，机电工程学院结合大学生三全育人实际工作创建了"一传二融三全"育人工程。

一、案例主题

机电工程学院实施"传承中华优秀传统文化，融合社会主义核心价值观与铁人精神，全过程、全员、全方位育人工程（即"一传二融三全"育人工程）"。

二、案例背景

新时代高校面临"00后"大学生思想状态多样化现状，大学生思想表现呈现新特点、新问题，机电工程学院紧紧围绕实现中华民族伟大复兴的中国梦，紧紧围绕应用技术型大学建设的现实目标，坚持"育人为本、德育为先"原则，不断深化创新大学生教育、管理与服务的工作模式。深化创新铁人精神育人实践，结合铁人精神教育塑造大学生意志品格。将理论与案件分析相结合，实践教育与情感体验相结合，历史与时代相结合。机电工程学院自2017年开展"一传二融三全"育人工程，不断凝练中华传统文化育人特色，融入社会主义核心价值观教育，培育符合中国特色社会主义发展建设的优秀人才。

三、案例概述

机电工程学院"一传二融三全"育人工程从学生实际出发，适应青年大学生发展特点。搭建"1+1校企合作共建支部"平台，整合学生党支部的"党旗引领工程"实践资源，创新育人机制，以文化精神培育大学生，以"三全"育人实践过程凸显育人成果。党的十九大召开后，机电工程学院把深学笃行党的十九大精神作为首要任务，开展"一纸书信、万千情怀·读习近平总书记书信·汇书香校园"读书月活动、"初心照亮新时代、学习十九大精神"学生党员培训主题讲座、"认清新形势、勇担新使命"等主题党课活动，在全院学生中深入贯彻学习习近平新时代中国特色社会主义思想，且多项活动在黑龙江省人民政府网站、大庆电视台、大庆网、大学生网高校联盟等10余家媒体、网络进行宣传报道。

四、案例做法

（1）社会实践促成才。机电工程学院把实践教育与社会调查、志愿服务、公益活动、专业实习结合起来，引导大学生走出校门，到基层中去，到社会生活中去。机电工程学院带领大学生党员深入杜尔伯特自治县太和村小学进行捐书公益活动，共计捐书1500册；深入大庆采油三厂、采油五厂学习新时代铁人精神，感知油田优良作风与传统，累计学习实践25次。

（2）党建宣传新载体。建立"党支部工作"网站，创新"青春在途""机电气象"微信公众号，开办"机电夜读"教育专栏等网络平台，扩大党支部工作影响力。"机电夜读"开办以来，通过周一读新思想、周二读社论、周三读人生、周四读文化、周五读哲理、周六读原创、周日读新闻，累计推送新闻2100条，浏览量达12万人次。

（3）文化育人树品牌。机电工程学院通过思想理念、传统美德、人文精神三个方面的相互贯通、互为支撑开展系列活动，每年开学季、毕业季开展传统文化教育典礼。健全"一传二融三全"第二课堂育人管理、运行机制，形成百项选修课，学生每年选10次活动，每月参加1次，5年时间累计形成第二课堂书面成果集 1000 余本，学生参与范围 1917 人次。

五、案例启示

机电工程学院"一传二融三全"育人工程目标明确、架构科学、体系规范，是培养新时代大学生全面成长成才的有效抓手。通过育人工程，结合多元主题活动，实施品格教育、实践育人，创新第二课堂，从而有效地将大学生教育管理水平提升与党团组织凝聚力增强有机地结合起来。

六、案例效果

机电工程学院大学生党支部获得 2018 年黑龙江省高校"百优"党支部殊荣。支部以"党旗引领工程"为党建主题活动特色，以"校企共建 1+1 党支部"为党建典型做法，以"文化育人百项选修课"为育人载体，以"党建+思政'二课堂学分制'"为制度要求，以"青春在途""机电气象"公众号为网络阵地，形成了一系列理论探索文章、思政科研项目、学生实践成果。支部公开发表 12 篇党建、思政论文，获批 1 项省级思政课题，2 项市级社科联课题，支部"'一传二融三全'育人实践探索"项目获大庆师范学院校级基金资助，大学生党员获得省级以上学科竞赛奖项 350 余人次，近三年毕业生党员考取黑龙江省选调生 17 人，被分配到黑龙江省乡镇做基层工作人员，成为党支部的红色宣传员。支部先后获得 2018 年黑龙江省高校"百优"党支部、黑龙江省五四红旗支部、大庆师范学院十佳党支部等多项荣誉。大学生党员获得省级以上学科竞赛奖项 350 人次。

附录2　黑龙江省百优党支部——大庆师范学院机电工程学院大学生党支部创新案例

机电工程学院大学生党支部深入贯彻全国、全省高校思政会议精神，全面落实教育部党组关于大学生党建工作的决策部署要求，深入强化大学生党支部规范建设、党员引领示范和党建协同创新，不断开创大学生党建工作新局面。机电工程学院继承铁人精神，坚持党旗引领主题活动持续开展，通过"一传二融三全"创新育人模式，鼓励大学生党员不忘初心跟党走，将政治与时代同步，把青春理想与国家梦、铁人梦结合起来，把青春斗志与时代责任结合起来，形成助力学校转型发展的大学生党支部力量。

一、主要做法

（一）传统文化融入党建育人，"党旗引领"助力铁人梦

在全院学生中开展"传承中华优秀传统文化——德育主题"活动。支部融合社会主义核心价值观与铁人精神，凝聚80字育人理念，在大一、大二班级中开展10个月的百项德育活动，实现全员、全方位、全过程教育。邀请大庆油田老会战员工："当代徐霞客"——机电工程采油一厂原党委副书记兼组织部长张朝仁老先生，为学院学生分享其70余年的读书人生。张朝仁老先生的48本日记书写满了油田50年的变迁，退休后自学

外语，独自去世界五大洲徒步旅行，走访中国 99 座历史名城，用铁人精神的时代感悟，鼓励学生读万卷书行万里路，胸怀大志。张朝仁老先生把退休后写的三本书送给机电工程学院学生，这些书是他走访旅行和读书学习的成果，也是他对大庆精神、铁人精神的诠释、继承。张朝仁老先生一年时间来机电工程学院多次，成为机电工程学院大学生党支部的校外导师，机电工程学院大学生党员在节假日也多次去张朝仁老先生家拜访，老一代、新一代同为铁人梦助力。

（二）"党旗引领"经典活动持续开展

持续推进"心向、心在、心为"党旗引领的主题活动。支部通过校企联合企业实践、新时期企业故事强化学生党员培训。支部通过 800 余人次的志愿者活动，荧光公益专题活动，"献爱心救助王洪彬同学"捐款活动加强感恩教育。支部重品格教育、安全教育、诚信教育，举办了"感相识之缘，遇最美庆师""远离校园贷危害，不忘初心诚信教育""学生干部廉政工作承诺""勿忘初心诚信考试——吹响期末集结号""重拾上课礼""情系信香品怀人生读书活动""唱响校园文明寝室评选"等活动。

（三）卓越示范，党员先行

机电工程学院大学生党员孙雨昕等同学代表学校参加了 2017 年 7 月 8 日由黑龙江省教育厅高等教育处和黑龙江省光学学会共同主办的黑龙江省第二届大学生"光电设计竞赛"，包括哈尔滨工业大学、哈尔滨工程大学在内的全省 33 所高校的 366 支队伍报名参赛，其中 74 支队伍入围决赛，孙雨昕同学的团队最终获得省一等奖。大学生党员张孟军同学参加全国 TRIZ 杯比赛获得创新成果转化奖。他们二人均是国家奖学金获得者，学习成绩均是专业排名第一。

二、主要成效

（一）创新特色载体，植根传统文化

支部构思80字育人内容："仁：爱岗敬业，遵纪守法。义：遵守公德，见义勇为。礼：有礼有节，谦虚礼让。智：博采众长，精业强技。信：求真务实，真诚守信。孝：尽职尽责，尽忠尽孝。悌：博爱亲和，团结共进。廉：清心寡欲，廉洁自律。耻：行己有耻，有耻且格。勇：勤于奉献，勇于担当。"传统文化教育贯穿大学始终，新生入学季开展"弘扬中华传统文化 展机电学子铁人风采"教育与迎新生主题联欢会；毕业生毕业季开展"续中华文化 承铁人品质 念母校情深"教育与表彰大会。将社会主义核心价值观融入铁人精神教育中，支部精心选择设计主题，班级选报形成百项德育选修课，100%覆盖大一、大二年级，已经形成阶段性成果。支部微信公众号"青春在途"，实时推送百项主题活动内容，打造"指尖上"的党支部，每年推送党支部原创学习内容300余篇。

通过"长征精神、中国魂"主题党课、微信推送"红色微文、微故事""红色节日提醒""历史大事记"，并结合国际、国内热点学习讨论"一带一路丝路精神"，举办"思辨青春、花样年华"辩论会等多种教育形式将红色教育融入大学生党员、入党积极分子的"两学一做"学习教育中。

（二）实现要素管理，全员、全过程、全方位育人

大学生党支部组织活动中真正做到全员师生参与、大学四年全过程、教学管理全方位育人实效。支部主要采取"反哺传递正能量"——毕业生党员教育的方式进行总结，并结合集中实习、分散实习、课程培训、考研

辅导，中间阶段检查指导，促进机电工程学院大学生积极就业。通过"点燃就业梦想，照耀创新之门"讲座开篇，每年举行就业单位宣讲会10场，召开"学子说"——考研经验交流会3场，在全院学生表彰大会中表彰实习、就业、考研、培训的优秀学子40人次。最终实现大学生顺利就业，并能分享经验和成果，届届相传。

（三）支部党建工作取得"三新""三结合""三长"新成效

支部传承铁人精神创建学生党支部的"新功能、新优势、新状态"，形成党支部育人理论体系。支部育人特色项目获批黑龙江省社科思政专项项目1项，市社科联项目2项。支部发表论文10余篇，其中1篇获得市文化节二等奖，2篇获厅局级优秀政研成果奖。支部指导大学生微党课设计项目获教育部主办全国大学生服创大赛三等奖，党员学生7人获奖。机电工程学院建设网络思政育人空间，坚持把中华优秀传统文化的突出优势转化为思想政治工作的育人优势，系统组织开展"敬师礼""修身承诺"等系列教育活动，不断增强广大学生的"四个自信"。支部取得了党建与思政结合、核心价值观与德育工作结合、铁人精神与传统文化结合的新成效。支部秉持"长期发展、长线育人、长久影响"的理念对大学生党员进行全过程教育，毕业后定期跟踪回访，毕业生党员100%就业，其中多人进入企事业单位工作。

三、取得经验

支部"一传二融三全"育人模式目标明确，架构科学，体系规范，是培养党员青年全面成长成才的有效抓手。支部"一传二融三全"工作案例从学生实际出发，适应青年学生发展特点的系统化教育管理模式。工作案例突出教育实效性,在大学生党员管理和服务社会发展层面取得显著成果。支部在有效实施工作案例的同时,活跃了基层党建,增加了大学生党员对党支部的认同感,提高了信任度。

参考文献

[1] 习近平.决胜全面建成小康社会 夺取新时代中国特色社会主义伟大胜利——在中国共产党第十九次全国代表大会上的报告[N].人民日报,2017-10-28(1).

[2] 习近平在全国高校思想政治工作会议上强调 把思想政治工作贯穿教育教学全过程 开创我国高等教育事业发展新局面[N].人民日报,2016-12-09(1).

[3] 习近平.在北京大学师生座谈会上的讲话[N].人民日报,2018-05-03(2).

[4] 国务院新闻办公室会同中央文献研究室,中国外文局.习近平谈治国理政[M].北京:外文出版社,2014:11-17.

[5] 中共中央、国务院印发《关于加强和改进新形势下高校思想政治工作的意见》[J].社会主义论坛,2017(3):4-5.

[6] 高玉芝,邓雨巍.就业视域下大学生思想政治工作研究[J].大庆师范学院学报,2012,32(5):157-160.

[7] 董春胜,邓雨巍.信息社会背景下90后大学生社会主义核心价值观的培育[J].黑龙江教育,2015(4):35-36.

[8] 易鹏,李荣华,徐晓黎.大学生网络思想政治教育需求调查研究[I].思想教育研究,2012(1):100-103.

［9］陈志欢，李晓娜.试论大学生网络思想政治教育内容的有效性［J］.剑南文学（经典阅读），2013（9）：345.

［10］商丹，朱喆.基于新媒体交往方式的大学生网络思想政治教育创新［J］.学校党建与思想教育，2014（17）：69-71.

［11］李旺根，涂少东，沈万红.网上网下大学生思想政治教育研究［J］.才智，2014（31）：227-228，231.

［12］尹婷婷.网上网下大学生思想政治教育协调育人研究［J］.科教导刊，2015（17）：70-71.

［13］周秀胜，网上网下协调育人——网络环境下的大学生思想政治教育［J］.新课程研究（中旬一双），2014（1）：13-14.

［14］许俊德.铁人精神与中华传统美德［J］.大庆社会科学，2010（5）：30-37.

［15］鲁滨，麻秀荣，秦慧杰.大庆精神时代内涵的新解读［J］.大庆社会科学，2009（5）：28-32.

［16］张文彬.大庆精神的意蕴追溯和理性解读——一种传统文化的视角［J］.大庆师范学院学报，2016（6）：129-134.

［17］孙宝范，卢泽洲.铁人传［M］.北京：中央文献出版社，2009：11-12.

［18］马英林.如何研究大庆精神铁人精神［J］.大庆社会科学，2014（5）：5-9.

［19］中共大庆市委党研究室.大庆油田史［M］.北京：中共党史出版社，2008：112-113.

［20］李存山.儒家文化的"常道"与"新命"［J］.孔子研究，2016（6）：23-31.

［21］董振华.奋斗［M］.北京：中共中央党校出版社，2018：9-10.

[22] 孙阳阳.当代中国政治发展视域下儒学的功能及其实现路径[J].当代世界社会主义问题，2017（2）：45-53.

[23] 王小兵.当代大学生理想信念问题研究[J].中国冶金教育，2008（3）：14-15.

[24] 闫立光，张文彬，刘晓华.文化自信重塑与精神世界重建的"中国道路"——兼论社会主义核心价值观的构建[J].佳木斯大学社会科学学报，2015，33（4）：65-66.

[25] 蔡洁，元会芳，邓飞.当代大学生核心价值观教育现状及对策[J].文教资料，2010（12）：189-191.

[26] 秦克涛.当代大学生社会主义核心价值观教育的探究[J].时代教育（教育教学刊），2011（8）：134.

[27] 黄永华.大学生思想政治教育适应构建和谐社会的着力点[J].西南民族大学学报（人文社会科学版），2007（9）：222-225.

[28] 郭开虎.社会主义核心价值观培育与高校思想政治理论课社会实践教学[J].湖南科技学院学报，2012，33（8）：110-112.

[29] 刘峥.社会主义核心价值体系融入大学生思想政治教育全过程初探[J].黑龙江教育，2010（7）：40-42.

[30] 冯达成，李艳君.和谐社会视域下建构大学生价值认同的思考[J].广西教育学院学报，2009（5）：88-91.

[31] 刘钰琮，吴新林.基于马斯洛需求层次理论的"95后"大学生精神成长需求[J].青年与社会，2019（12）：37-38.

[32] 史佳.网络文化对校园文化的影响[J].现代营销，2010（6）：15-17.

[33] 韩建华，张帆.试论高校校园网络文化建设的对策[J].山西青年管理干部学院学报，2013（2）：39-41.

[34] 李兵龙.试论高校校园网络文化的建设与管理[J].广州广播电视大学学报,2007(4):21-22.

[35] 谢丽娴.论高校思想道德教育中的学生个性培养[J].高教探索,2003(3):13-16.

[36] 张朝龙,余建杰,钱莉.建设核心价值体系夯实大学生思想道德基础[J].理论界,2008(8):35-37.

[37] 范微微.浅谈如何加强大学生社会主义核心价值体系教育[J].动画世界:教育技术研究,2018(7):43-45.

[38] 张颖.谈新时期大学生荣辱观的培育[J].吉林教育,2008(3):9-11.

[39] 朱海龙.文化与实践创新:大学生社会主义核心价值观建构的途径分析[J].教育理论与实践(学科版),2012(4):35-36.

[40] 周静.新形势下加强大学生民族精神教育的思考[J].法制与社会,2010(1):33-34.

[41] 覃昆,邓琳.张蓉蓉.现代传媒对大学生核心价值观的影响[J].贵州师范学院学报,2012(7):43-45.

[42] 郭素红.网络文化背景下大学生社会主义核心价值观的培育[J].湖北广播电视大学学报,2011(4):13-14.

[43] 刘峥,刘新庚.青少年学生社会主义核心价值观导引体系研究[J].中国青年研究,2012(2):37-38.

[44] 教育部课题组.深入学习习近平关于教育的重要论述[M].北京:人民出版社,2019:5-6.

[45] 储朝晖.中国近代大学精神史[M].北京:人民教育出版社,2013:8-9.

［46］习近平．在文艺工作座谈会上的讲话［N］．人民日报，2014-10-15（1）．

［47］颜晓红，刘颖．以一流大学精神推进现代大学治理［J］．中国高等教育，2019（20）：25–27．

［48］吴朝晖．新时代中国一流大学精神建构研究［J］．中国高教研究，2019（10）：14–19．

［49］孙成武．文化自信与新时代大学精神的培育和发展问题探析［J］．东北师大学报（哲学社会科学版），2019（3）：119–124．

［50］王冀生．当代中国大学之道［J］．大学教育科学，2020（2）：39–45．

［51］胡显章．大学之道的哲学探讨［J］．大学教育科学，2020（2）：53–58．

［52］习近平．在纪念马克思诞辰200周年大会上的讲话［J］．党建，2018（5）：4–10．

［53］本报评论员．人民对美好生活的向往就是党的奋斗目标［N］．人民日报，2017–08–03（1）．

［54］张曼菱．西南联大行思录［M］．北京：生活·读书·新知三联书店，2013：266–267．

［55］张颖，范军．大学生艰苦奋斗精神教育的历史考察和基本经验［J］．思想政治教育研究，2016，32（2）：78–82

［56］公茂虹．论习近平新时代奋斗精神［J］．前线，2018（7）：4–10．

［57］陈理．永葆中国共产党人的艰苦奋斗精神［J］．党建，2020（10）：21–23．

［58］董玉节．新时代爱国奋斗精神的三大逻辑［J］．红旗文稿，2019（11）：32–33．

［59］杨小扬，陈红.论新时代的爱国奋斗精神［J］.思想政治教育研究，2019，35（5）：55-59.

［60］王绍霞.新时代奋斗精神的基本逻辑与时代价值［J］.思想理论教育导刊，2019（6）：58-62.

［61］田仁来，杨艳红.新时代大学生爱国奋斗精神培育探究［J］.学校党建与思想教育，2019（14）：71-73.

［62］侯玉环.论新时代青年学生奋斗精神培育研究［J］.思想理论教育导刊，2019（6）：53-57.

［63］李伟弟.培育新时代青年奋斗精神的三重维度［J］.人民论坛，2019（32）：110-111.

［64］刘超.新时代奋斗精神的价值意蕴［J］.人民论坛，2019（17）：114-115.

［65］叶雷.思想政治教育要素新论［J］.前沿，2004（6）：156-168.

［66］陈万柏.思想政治教育载体论［M］.武汉：湖北人民出版社，2003：119-202.

［67］贺才乐.思想政治教育载体的形态及特点［J］.理论与改革，2003（6）：313-314.

［68］徐双敏，孔繁敏.构建大学生思想政治教育的合力机制——基于对大学生思想政治教育发展历程的思考［J］.江汉大学学报（社会科学版），2010，27（3）：89-93.

［69］刘献君.建国五十年大学德育研究的回顾与展望［J］.高等教育研究，1999（4）：32-42.

［70］教育部社会科学司.普通高校思想政治理论课文献选编［M］.北京：中国人民大学出版社，2008：10-11.

[71] 叶怀祥. 21 世纪高校学生思想政治教育研究 [M]. 成都：西南交通大学出版社，2004：57-70.

[72] 中共中央宣传部宣传教育司. 加强和改进大学生思想政治教育文件选编 [M]. 北京：中国人民大学出版社，2005：70-79.

[73] 孙家学. 改进方法和手段 提高思想政治教育实效 [J]. 中国高等教育，2005：17-18.

[74] 宇业力，时开斌. 思想政治教育人性化探讨 [J]. 江苏高教，2009（6）：100-102.

[75] 郁顺华，毕玉芳. 大学生精神需求与思想政治教育 [J]. 江苏高教，2008（5）：121-122.

[76] 杨晓阳. 大学生思想政治教育合力机制的功能及构建 [J]. 教书育人·高教论坛，2014（11）：66-67.

[77] 曾玉珊，吕斯达. 创新"思想道德修养与法律基础"课程教学增强大学生法制观念 [J]. 黑龙江教育（高教研究与评估），2008（9）：30-32.

[78] 公丕祥. 法制现代化的理论逻辑 [M]. 北京：中国政法大学出版社，1999：110-117.

[79] 袁连红. 当前理工科大学生法律素质的现状及其原因分析——基于对江西三所理工科院校的抽样调查 [J]. 长春大学学报，2011（7）：82-84.

[80] 李彩虹. 当代大学生法律素养的现状分析及提高途径 [J]. 焦作师范学院高等专科学校学报，2009（2）：60-64.

[81] 唐永春，车承军. 公民法律意识与法治——公民法律意识的法治功能及其塑造 [J]. 求是学刊，1999（3）：63-66.

［82］马克思恩格斯选集：第一卷［M］.北京：人民出版社，2012：147-208.

［83］刘丽君.高校内部思想政治教育合力机制构建［J］.科协论坛，2008（10）：150-151.

［84］邓小平.邓小平文选：第3卷［M］.北京：人民出版社，1993：102-103.

［85］陈萍丽，植林，刘均.论高校校园文化的思想政治教育功能［J］.现代经济信息（学术版），2008（1）：47-48.

［86］小原国芳.教育论著选［M］.北京：人民教育出版社，1993：67-68.

［87］BARRY. Contemporary Approaches to Moral Education, Teachers College Press［M］. Columbia University，1985：110-130.

［88］许桂清.美国道德教育理论研究［M］.北京：中国社会科学出版社，2008.

［89］周之良.德育的理论与实践［M］.北京：北京师范大学出版社，1994：20-24.

［90］许涛.略论构建大学生思想政治教育的合力机制［J］.河南教育，2007（8）：56-57.

［91］汪庆华.合力机制的构建与大学生教育［J］.当代青年研究，2005（3）：47-49.

［92］邱伟光，张耀灿.思想政治教育学原理［M］.北京：高等教育出版社，1999：77-78.

［93］戴胜利.大学生思想政治教育的比较研究［M］.上海：上海教育出版社，2006：40-45.

[94]石海兵.论青年价值观教育内容的结构体系[J].思想理论教育（综合版），2007（12）：14.

[95]雒兴平，艾楚君.构建新的教育机制加强大学生思想政治教育[J].中国科教创新导刊，2007（45）：71-72.

[96]李翔.论高校学生党员的教育与管理[J].安徽工业大学学报，2005（6）：128-129.

[97]欧珊，张进.大学生思想政治教育的合力机制研究[J].青年与社会（下），2013（2）：123-124.

[98]朱平，孔读云，姚本先.当代大学生思想政治教育：现状、问题展望[J].思想政治教育研究，2007（1）：55-57.

[99]刘希贵.构建大学生思想政治教育的合力效益机制研究[J].中国科教创新导刊，2008（6）：72-74.

[100]傅晓华，柳伟.大学生思想政治教育的合力机制探索[J].新闻天地（下半月刊），2011（7）：115-117.

[101]甘均良.试论大学生思想政治教育的合力机制的价值功能及构建[J].中国高教研究，2007（5）：82-83.

[102]孙琦.高校马克思主义大众化教育主体合力机制研究[D].哈尔滨：哈尔滨理工大学，2012：11-12.

[103]程勉中.现代大学管理机制[M].北京：人民出版社，2006：64-65.

[104]谢婕.试论创新高校大学生思想政治教育工作[EB/OL].（2009-09-24）[2020-11-11].http://youth.sdut.edu.cn/news/39/836.html.

[105] 高顺喜. 七大"兵法"管理学生[EB/OL]. (2004-12-16) [2020-10-12]. http://jxgl.fimmu.com/Article/ShowArticle.asp?ArticleID=1976.

[106] 党宇琦. 全程化全员化就业指导的思考与实践[J]. 成功(教育), 2010(8): 274-275.

[107] 易明芳. 大班环境下高校思想政治理论课多维互动教学模式的构建[J]. 教育教学论坛, 2013(13): 72-73.

[108] 蒙秋明, 李咏. 试析科学"三观"在大学生精神构建中的作用[J]. 学校党建与思想教育, 2006(10): 29-30.

[109] 陈优生, 曾峥. 党支部建在班上的理论与探索[M]. 广州: 广东高等教育出版社, 2003: 75-76.

[110] 臧晨松. 高校大学生党支部建设存在的问题及对策分析[J]. 河北农业大学学报(农林教育版), 2002(2): 19-21.

[111] 边长庆, 丛立峰, 韩静. 高校学生党支部建设探讨[J]. 新长征, 2004(24): 127-129.

[112] 胡斌武. 学校德育制度十年: 问题与走向[J]. 学校党建与思想政治教育, 2006(3): 16-17.

[113] 刘东兴. 谈和谐视角下高校学生干部的培养[J]. 牡丹江师范学院学报(哲学社会科学版), 2007(5): 135-138.

[114] 宋德孝. 供给侧视角下高校思想政治理论课教学与大学生精神需求的精准化对接[J]. 思想教育研究, 2020(2): 82-87.

[115] 邓远萍. 大学生思想政治教育创新研究——基于美好精神生活需求的分析[J]. 南昌师范学院学报, 2018, 39(4): 51-54.

[116] 高健. 论实践中大学生精神文化的需求走向[J]. 辽宁大学学报(哲学社会科学版), 2016, 44(6): 189-199.

［117］凌石德.论当代大学生的精神需求［J］.湖北社会科学，2014（10）：161-165.

［118］林雪凤，胡承波，韩立东.大学生精神成长需求研究［J］.辽宁广播电视大学学报，2019（2）：1-5.

［119］陈立勇，刘晓华，张文彬.大庆石油会战口述实录：第2卷［M］.北京：中国工人出版社，2020：33-52.

后 记

我自大学毕业留校后从辅导员做起，十五年的春夏秋冬，四季轮回，送走了6000余名毕业生，我在大学生思想政治工作中已经逐渐成长为"老兵"，时不时会有做高校思政工作者的荣誉感与成就感，在取得成绩的同时，也深知自己的底蕴基础薄弱，所以一直不敢放松，继续求学，2015年硕士毕业，2019年攻读了博士，在求学与工作的交错中，更加体验到理论与实践相互贯通、相互激发、相互成全的喜悦。

思想政治教育是我的事业，也是我前半生致力研究的主要方向，在求学过程中有幸阅读了很多学者的著作，对我启发很大，育人工作不能仅仅停留在做，还有想，还要参与，更重要的是总结，无论我们有怎样的思考，总结总能让我们竖起一面镜子，观测自己之前的所作、所思、所想，也能有所成、所感、所用。本书的集成，虽是我的浅见，文笔不一定优秀，内容不一定新颖，但它却是我十五年工作所得，希望能对同行们有所启迪、有所帮助。

感谢刘志文、孙明琪两位同学四年里对我工作的支持，他们为此书的最终成稿做了大量工作。我还要感谢我的家人、朋友，在我最需要支持的时候，给我巨大的精神鼓励，让我越来越强大。更要感谢同学、同事，我们并肩前行，给予我战斗的力量。感谢我学业路上一切成就我的人，感谢我事业进步中的每一位伯乐，感恩！

愿世间一切都如此美好，愿每个人都心随所愿！

2021年12月